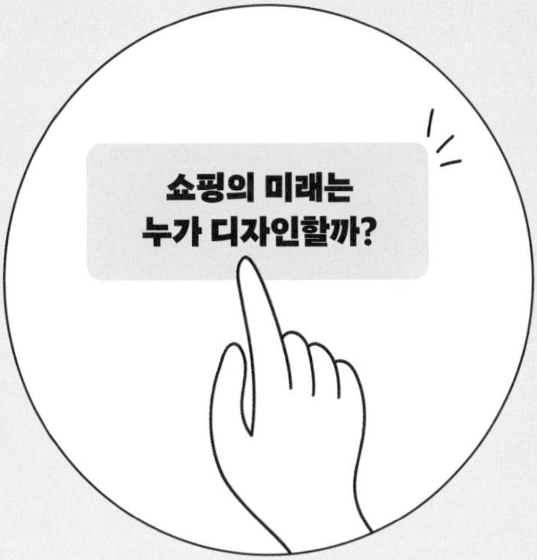
쇼핑의 미래는
누가 디자인할까?

10대가 알아야 할
마케팅의 모든 것!

쇼핑의 미래는 누가 디자인 할까?

황지영 지음

곰곰

새로운 구매 경험으로 기업의 혁명을 이끌 Z세대에게

쇼핑은 우리 삶에서 아주 큰 부분을 차지합니다. 그런데 쇼핑의 방식이 크게 변하고 있어요. 잠깐 생각해 볼까요? 여러분은 쇼핑하러 주로 매장에 가나요, 아니면 스마트폰을 이용하나요? 요즘은 스마트폰으로 거의 모든 것을 해결한다고 해도 지나치지 않죠. 택시를 탈 때면 '카카오 T' 앱으로 내가 있는 장소로 택시를 부르고, 요금도 직접 내는 대신 미리 등록해 놓은 카드로 자동 결제합니다. 친구 생일에는 앱으로 케이크와 음료를 선물하기도 하고, 은행 볼일도 직접 가지 않고 금융 서비스 앱을 이용하지요. 그런가 하면 저녁 늦게 앱으로 장을 보면 다음 날 새벽 4~5시쯤 신선한 식재료가 이미 문 앞에 배달되어 있고요.

스마트폰 중심의 모바일 소비가 언제부터 우리에게 이렇게 익숙해졌을까요? 애플이 '아이폰'을 선보인 2007년을 기준으로 잡아도 15년이 채 안 되었어요. 이전에는 대부분의 소비가 오프라인 매장에서 이루어졌지요. 인공지능과 머신 러닝 같은 기술이 발전하고 밀레니얼 세대와 Z세대가 주요 소비자로 등장하면서 변화의 속도가 빨라진 거예요. 쇼핑과 소비의 이러한 변화는 사회구조, 라이프 스타일의 변화와 더불어 직업의 변화와도 연결되어 있습니다.

저는 미국의 대학교에서 학생들에게 리테일과 마케팅 과목을 가르치고 있습니다. 소비의 변화 양상과 기업의 전략 등에 대해 공부하는 학문이지요. 저는 대학교 4학년 때 만난 교수님의 조언을 계기로 익숙한 세계를 떠나 미국에 왔습니다. 낯선 분위기에 적응하는 동안 어려움도 많이 겪었지만, 미처 깨닫지 못했던 가능성을 확인하며 한 발 한 발 성장하는 과정에서 성취감과 기쁨을 느낄 수 있었어요. 그 작고 우연한 계기가 없었다면 지금 다른 영역에서 일하고 있을지도 모르겠습니다. 누군가에게 격려를 받아 새로운 세계에 도전했던 경험이 있기에, 저 역시 젊은 세대에게 선한 영향을 전달하고, 새로운 비전과 방향성을 제시하며, 더 큰 세상을 준비하는 데 도움이 되도록 노력하고 있습니다. 그러한 노력의 하나로 여러분에게 세상의 변화와 마케팅 관련 진로에 대해 조언해 주고 싶어서 이 책을 쓰게 되었습니다.

미래의 쇼핑을 알면 사회구조, 라이프 스타일, 노동의 변화를 이해할 수 있어요. 이미 여러분은 많은 기업이 주목하는 '중요한 소비자'인 Z세대입니다. 미래의 소비 환경은 여러분이 살아갈 사회에서 새롭게 생겨나고 없어질 다양한 직업과도 영향을 주고받을 거예요. 세상이 어떻게 돌아가고 어떤 방향으로 흘러가는지 관심을 가지고, 이해하고, 준비해야 합니다. 똑똑한 소비자로서, 또한 사람의 직업인으로서 이루어 내는 일들이 새로운 세상으로 이동하는 데 중요한 기반이 될 테니까요. 이 책에서 보여 주고자 한 소비에 대한 관점이 여러분이 보다 깨어 있는 소비자로서 살아가는 데, 또한 예비 직업인으로서 진로를 찾는 데 조금이나마 도움이 되기를 진심으로 바랍니다. 여러분을 응원합니다.

2021년 3월

황지영

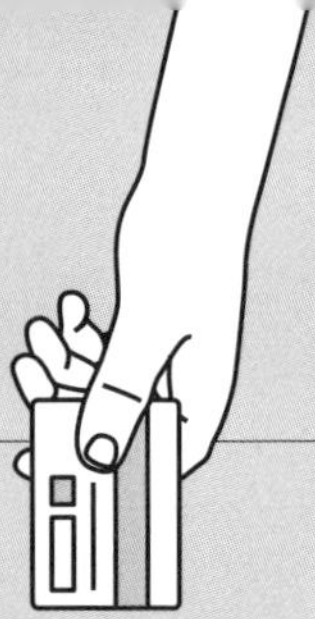

차례

1장

누구나 만들고, 팔고, 사는 세상

리테일·마케팅의 개념

리테일 비즈니스란 무엇일까?

우리 일상과 가장 밀접한 리테일 비즈니스

'리테일retail'이라는 말을 들어 보았나요? 낯설게 들릴 수도 있겠지만, 여러분의 평범한 하루하루가 리테일과 연결되어 있답니다. 무슨 말이냐고요? 리테일은 흔히 '유통' 또는 '소매小賣'라고 번역되어 쓰이곤 해요. 쉽게 말하면 소비자와 접하는 지점이 있는 모든 유형·무형의 상품과 서비스를 제공하는 비즈니스를 뜻하지요. 여러분이 편의점에서 간식거리를 사거나 백화점 매장에서 옷을 사는 것뿐만 아니라, 버스나 택시를 타고 이동하고, 학원에 수업을 등록하는 것도 리테일 산업과 연결되어 있습니다. 치과에서 충치 치료를 받고, 가족과 함께 떠난 휴가에서 숙박 시설을 이용하는 등 우리가 먹고, 마시고, 생활하는 데 관여하는 비즈니스가 바로 리테일이에요. 인류가 어떤 상품을 거래하는 일 자체가 리테일이라고 할 수 있지요. 따라서 리테일의 역사는 굉장히 길답니다.

좀 더 이해하기 쉽게 슈퍼마켓에서 쇼핑하는 장면을 예로 들어

볼게요. 이 경우 어떤 조건을 갖추어야 할까요? 먼저 다양한 상품을 한 개씩 소량으로 구입할 수 있어야 하고, 사려는 상품이 내가 슈퍼마켓에 간 그날 그 슈퍼마켓에 있어야 헛걸음하지 않겠지요. 또 주차하기는 쉬운지, 혹시라도 상품에 문제가 있을 때 반품할 수 있는 고객 서비스를 갖추고 있는지 등 여러 가지 요소가 중요합니다. 이 모든 과정에서 리테일 비즈니스의 핵심인 '가치'를 더해 소비자에게 상품을 판매하는 거예요. 정리하면, 아래 네 가지가 리테일 비즈니스의 핵심이라고 할 수 있지요.

1) 다양한 상품 카테고리와 아이템 제공

2) 큰 단위를 쪼개 개별 아이템으로 판매

3) 원활한 재고관리로 소비자가 원할 때 상품 제공

4) 배송, 판매 직원, 주차, 보증 기간 등의 서비스로 소비자의 편의 해결

물론 어떤 리테일러(소매업자)이냐에 따라 집중해야 하는 가치는 다릅니다. 예를 들어 대형 마트는 굉장히 다양한 상품을 판매할 뿐만 아니라 고객 서비스 전담 팀을 운영하고 있어요. 편의점은 24시간 언제든지 필요한 상품 한두 개를 빨리 살 수 있는 공간인 동시에 택배 서비스까지 제공하고요. 백화점은 좀 더 쾌적하고 고급스러운 쇼핑 환경과 레스토랑, 수입 식품 코너 등 다양한 서비스를 제공합니다. 그리고 온라인과 모바일은 직접 이동하지 않고도 쇼핑할 수 있어서 쇼핑하는 데 드는 시간을 줄여 줄 뿐 아니라 상품 정보를 쉽게 찾아볼 수 있어서 아주 편리하지요. 이렇게 리테일러들은 자신만의 특화된 가치를 제공해 소비자들이 상품을 선택하도록 합니다. 소비자들은 상황과 개인의 선호에 따라 리테일러의 다양한 특성을 고려해 쇼핑을 하곤 하지요.

내가 바로 리테일 업계 종사자

리테일이 중요한 이유는 인간의 삶과 떼려야 뗄 수 없는 아주 밀접한 영역이기 때문입니다. 우리 삶은 직접 또는 간접으로 리테일과 연결되어 있어요. 예를 들어 여러분이 부모님에게 용돈을 받아 소비할 때는 소비자로서, 아르바이트 등을 해서 용돈을 벌 때는 노동자로서 리테일 업계 종사자가 되는 거예요. "내가 리테일 업계 종사자라고?" 하고 깜짝 놀라는 친구들도 있을지 모르겠네요. 이 글을 쓰고 있는 저도 필요한 상품을 구매하는 소비자일 뿐 아니라 학생들이 내는 등록금을 주 수입원으로 운영되는 대학교에 고용돼 교육이라는 서비스를 제공하는 노동자이기도 해요. 이러한 점에서 저도 리테일 업계 종사자라고 볼 수 있지요.

여기서 잠깐, 세계에서 가장 큰 리테일러는 어느 기업일까요? 전미소매업협회NRF, The National Retail Federation에서 선정한 '2020년 글로벌 리테일러 50' 순위 목록[1]을 보면, 세계에서 가장 큰 리테일러는 27개 국가에서 1만 1,361개 매장을 운영하는 월마트예요. 연 매출이 무려 5,100억 달러(약 561조 원)에 이르지요. 2위는 온라인 강자 아마존Amazon인데요, 18개국에서 2,328억 달러(약 256조 원)의 매출을 올렸습니다. 미국의 경우 자동차와 자동차 부품 시장을 포함한 리테일 비즈니스 업체 수가 100만여 개로, 전체 매출은 무려 5경 달러(2017년 기준)에 이릅니다. 엄청난 액수지요? 직접적인 리테일 업계 종사자 수는 2,900만 명이 넘고, 관련 영역의 직종까지 포함하면 4,200만여 개의 일자리를 만들어 냅니다. 그만큼 리테일이라는 비즈니스가 많은 이의 생활을 가능하게 해 주는 것이지요.

최근 기술이 급속도로 발달하면서 리테일 비즈니스에도 큰 변화가 일어났어요. 과거에는 '쇼핑'이 주로 오프라인 매장에서 이루어지는 일을 의미했다면, 인터넷과 스마트폰이 등장하면서 쇼핑의 주요 채널이 온라인과 모바일로 급속도로 이동했어요.

스마트폰이 세상에 등장한 2007년 이후에 태어난 여러분 중 상당수가 대형 마트나 백화점에 직접 가기보다는 스마트폰과 컴퓨터로 쇼핑하는 게 익숙할 거예요. 페이스북과 인스타그램 등 다양한 SNS에서도 상품을 구입하고, 서비스를 예약할 수 있으니까요. 증강현실AR, augmented reality과 가상현실VR, virtual reality 기술까지 리테일 영역으로 들어와 신발을 직접 신어 보지 않아도 실제로 신었을 때 어떻게 보이는지 이미지로 확인할 수 있게 되었고요. 아마존의 '알렉사Alexa', 애플의 '시리Siri', 삼성의 '빅스비Bixby' 같은 인공지능 비서도 우리 삶과 쇼핑에서 그 역할이 점점 커지고 있어요.

그런데 2020년 코로나19(코로나바이러스감염증-19)라는 환경 요소가 더해지며 리테일 업계는 예상보다 더 빠르게 온라인과 모바일로 이동하게 되었습니다. 인터넷 환경과 스마트폰에 익숙하지 않아 온라인·모바일 쇼핑의 필요를 크게 느끼지 않던 50~60세 이후 세대들도 반강제로 적응할 수밖에 없었으니까요. 일명 '5060 엄지족'이라는 표현이 생겨났을 정도지요.

혁명과도 같이 변화하고 있는 리테일 비즈니스와 관련해, 첫 번째 장에서는 리테일의 개념에 이어 비즈니스의 기본이면서도 아주 중요한 '마케팅marketing' 개념을 살펴보겠습니다.

생각해 볼 포인트

☑ **리테일 비즈니스란 무엇인가요?**

☑ **리테일러의 종류에는 무엇이 있나요?**

☑ **최근 리테일 환경에 일어난 큰 변화는 무엇이고, 그 이유는 무엇인가요?**

마케팅의 4P와 공급망 사슬

과학적 시스템과 예술적 요소의 결합

제가 쓴 《리테일의 미래》라는 책에서 저는 리테일 개념을 다음과 같이 정의했어요. "과학적 요소와 예술적 요소를 창의적으로 결합해 최종 소비자의 필요를 인지하거나 창출하고, 그런 필요를 만족시키는 상품과 서비스의 개발과 구매를 유도하는 일련의 행위". 조금 어려운가요? 알기 쉽게 풀어서 설명해 볼게요.

리테일 비지니스에서는 먼저 상품을 팔아서 이익을 만들어 내는 구조가 필요합니다. 그러려면 판매자가 소비자에게 상품을 전달하는 역할을 하는 물류망을 갖추어야 해요. 이 물류망을 포함한 공급망 사슬supply chain 역시 함께 움직여야 합니다. 공급망 사슬이란 상품을 만드는 제조사, 만들어진 상품을 운송해서 보관하는 물류업체, 그리고 상품을 판매하는 리테일러, 구매하는 소비자의 연결 관계를 말합니다. 주문이 들어오면 해당 제품이 있는 창고에서 포장 작업을 하고, 발송 준비가 끝나면 전국 지역망으로 연결된

공급망 사슬은 상품을 만드는 제조사, 상품을 운송·보관하는 물류업체, 상품을 판매하는 리테일러, 구매하는 소비자 사이의 연결 관계를 뜻한다.

택배 시스템을 통해 고객이 배송받기를 원하는 장소로 제품을 보내요. 제품이 생산지에서 고객에게 전달되기까지의 모든 과정이 하나로 연결되어 움직이는 시스템으로 이루어져 있지요. 이러한 시스템이 리테일 비즈니스에 필요한 과학적 요소입니다.

한편, 예술적 요소 역시 빼놓을 수 없는 역할을 해요. 소비자의 감정과 공감을 일으켜 구매를 이끌어 내려면 브랜딩brand+ing 작업을 해야 하거든요. 브랜딩의 사전적 정의는 '이름을 붙이다'입니다. 더 자세히 말하면 '브랜드brand를 통해 고객의 마음속에 깊은 인상을 남김으로써 경쟁사와 차별화해 성공하게 만드는 과정'이라고 할 수 있어요. 이를테면 여러분도 잘 아는 롯데백화점, 이마트, 아마존 등은 그 업종의 다른 브랜드들과 차별화되는 브랜드들인 거죠. 브랜드 이미지를 탄탄하게 구축하고, 그 이미지를 더욱

널리 알리는 광고 등이 결합되어야 비로소 리테일 비즈니스를 할 수 있답니다.

여러분이 의류 매장을 운영하는 사장님이라고 가정해 볼까요? 여러분은 매장 사장(리테일러)으로서 옷 공장 또는 도매업체와 접촉해 소비자들이 좋아할 만한 상품을 선택하고 공급받아요. 이렇게 판매하기 위해 물건을 사 오는 행위를 '매입'이라고 해요. 이제 옷들에 알맞은 가격을 매겨 소비자에게 팔아야겠지요? 샀다가 환불을 요청하는 고객에게는 환불 처리(서비스)를 해 주기도 하고요. 어떻게 디스플레이(전시)를 하면 옷이 더 멋져 보일까 고민도 할 거예요. 또 봄에는 여름옷, 여름에는 가을옷…… 이런 식으로 다가오는 계절에 앞서 옷을 매입해야 합니다. 계절이 바뀔 무렵 바로 신상품을 배치할 수 있게 미리 준비하는 것이지요. 한편, 팔리지 않고 남은 옷들은 할인 행사 등으로 재고 처리를 해야 합니다. 그래야 조금이라도 손해를 덜 보겠지요. 이와 동시에 판매량이 많은 아이템들은 왜 잘 팔렸는지 시즌을 돌아보며 분석도 해야 하고요. 와, 할 일이 정말 많네요!

미국에 유학 오기 전에 저는 한국에서 패션 회사 MD merchandiser (상품화 계획, 구입, 가공, 상품 진열, 판매 등에 대한 결정권자 또는 책임자)로 일했는데요, 당시 제가 했던 업무들을 살펴볼게요. 시즌마다 어떤 아이템을 어떤 재질로 만들어서 언제 공급할지 아이디어를 내는 일, 즉 상품을 기획합니다. 또 상품이 모자라거나 재고가 남지 않게

MD는 상품의 기획부터 판매까지 연결된 사고를 해야 하는 직업이다.

적정 생산량을 결정하지요. 해당 시즌 판매와 관련해 날마다 판매 데이터를 보면서 어떤 아이템들이 잘 팔리는지, 왜 잘 팔리는지 현황과 이유도 분석해야 해요. 잘 팔리지 않는 상품들의 판매를 늘리기 위한 프로모션promotion(판매 촉진 활동)이 필요한지도 파악하고요. 이따금 백화점 매장에 나가 소비자들을 관찰하기도 하죠. 또 경쟁 브랜드를 조사하고, 해외 유명 브랜드의 상품을 수입해 국내에서 판매하기 위한 라이선스 업무를 진행하기도 합니다.

소비자의 수요와 니즈needs를 만족시키기 위해 소비자들이 원하는 상품을 소비자들이 원할 때at the right time 제공하는 이러한 일들이 바로 리테일 비즈니스에 필요한 과정이지요.

이러한 직무에 담겨 있는 개념이 '마케팅marketing'이에요. 마케팅은 '시장'을 뜻하는 market(마켓)에 진행형 접미사 -ing를 더해 정체되어 있지 않고 빠르게 변하는 환경에 대응하는 특성을 반영한 단어예요. 기업의 고객인 소비자에게 '만족'을 주는 것이 마케팅의 목적입니다. 궁극적으로는 소비를 통해 소비자들의 '웰빙well-being'을 높여 주기 위한 일이고요. 그렇기에 마케팅의 중심에는 고객이 있고, 단순히 상품을 판매하는 행위와도 차이가 있습니다.

마케팅의 기본 요소를 보통 '4P'라고 부르는데요, 4P란 상품product, 가격price, 프로모션promotion, 입지place를 뜻하는 영어 단어의 첫 글자를 따서 만든 용어예요. 이러한 마케팅의 관점은 모든 비즈니스에 적용할 수 있어요. 리테일 비즈니스에서는 '매장 방문 고객' 또는 '쇼퍼shopper(물건을 사는 사람)'의 행동까지 마케팅에 반영해야 해서 범위가 더 넓지요. 이 점을 유념하면서 마케팅의 기본 요소인 4P를 하나씩 살펴볼까요?

상품 product

앞서 언급했지만, 리테일에서 상품이란 유형과 무형을 모두 아우르는 개념입니다. 쉽게 말해 형태가 있느냐 없느냐와 상관없이 어떤 형체에 가치를 더해 돈을 매개로 거래되는 모든 것이 상품이지요. 예를 들어 의류나 식품 같은 공산품, 교육, 의료, 여행, 호텔 같은 무형의 서비스와 유형의 공간이 모두 상품이에요. 우리는 유형과 무형의 상품이 제공하는 가치를 따져 보고 판단한 뒤에 상품을 구입하지요.

리테일러들은 제조사에서 상품을 공급받아 마진margin(이윤)을 붙여 소비자들에게 판매해요. 예를 들어 이마트에서 판매하는 라면은 농심, 오뚜기, 팔도 등의 제조사들에서 공급받은 것들이죠. 그런데 이마트에는 '노브랜드No Brand'라는 브랜드가 있고, 매장 한쪽에 노란색이 눈에 띄는 전용 코너도 마련되어 있어요. 최근에는 '노브랜드 버거'라는 햄버거 브랜드도 생겼고요. 노브랜드는 다른 제조사들에서 구입하는 상품 브랜드가 아니라, 이마트가 만든 자체 브랜드예요. 자체 브랜드는 PBprivate brand 또는 PLprivate label이라고도 부르는데요, 이 책에서는 편의상 PB로 통일해 부르겠습니다.

PB는 리테일러 역량에 따라 만들 수도 있고 만들지 않을 수도 있는, 즉 선택의 영역에 있는 상품이에요. 그런데 PB라는 것은 리테일러가 직접 상품을 기획함은 물론, 제조업체 및 공급업체를 발굴하고 계약하는 등의 소싱sourcing(공급자 등을 찾는 행위)을 해야 하고, 만들어진 상품을 구매해 매장에서 판매하는 한편, 매출 및 이익 분석을 통해 세일 같은 판매 촉진 행사를 진행하는 등 리테일러의 역할도 필요한 상품입니다. 이는 리테일러로서 본래 맡은 역할뿐 아니라 제조사의 역할까지 해야 하는 상품이라는 뜻이죠. 그만큼 투자와 자원이 많이 들기 때문에 원한다고 해서 리테일러 누구나

이마트 노브랜드는 리테일러가 개발하는 PB의 한 사례다.

도전할 수는 없는 영역이에요.

그럼에도 리테일러에게 PB가 점점 중요해지고, 더 많은 리테일러가 PB를 만드는 이유는 PB 상품을 판매해서 생기는 이윤이 일반 브랜드NB, national brand 상품을 판매해서 생기는 이윤보다 훨씬 높기 때문이랍니다.

또 리테일러들이 제조사와 함께 상생을 목적으로 상품을 만들기도 해요. 한국의 GS리테일이 운영하는 슈퍼마켓 'GS더프레시'에는 '리얼프라이스Real Price'라는 이름을 단 상품들이 있어요. GS리테일러의 PB인데요, 지방에 있는 중소 상인들과 계약을 맺어 품질 좋은 상품들을 저렴한 가격으로 소비자들에게 공급한다는 취지로 만든 브랜드예요.

PB는 가격경쟁에서 먼저 우위를 차지하는 데에도 중요한 역할을 합니다. 미국의 트레이더 조Trader Joe's라고 하는 슈퍼마켓을 예로 들어 볼게요. 이 슈퍼마켓은 상품 구성 중 PB의 비율이 무려 85퍼센트 이상을 차지하고 있을 정도로 PB 중심 리테일러로 유명해요. 게다가 유기농 PB도 다양해서 저도 자주 쇼핑을 하러 가곤 하지요.

트레이더 조에는 한 가지 특별한 점이 있어요. 이곳에서는 와인이 한 병에 2.99달러, 우리 돈으로 약 3,500원에 팔리고 있어요. 트레이더 조의 시카고 지점장을 인터뷰할 기회가 있어서 이렇게 낮은 가격에 와인 판매가 가능한 이유를 물어봤지요. 비결은 미국 서부의 유명한 와이너리winery(와인을 생산, 저장하는 곳) 지역인 나파밸리Napa Valley에 있는 한 업체와 독점으로 계약을 맺어 전체 물량을 그곳에서 공급받는 것이라고 해요. 다시 말해, 제조사에서 공급받은 와인에 트레이더 조의 라벨label(종이나 천에 상표나 품명 따위를 인쇄하여 상품에 붙여 놓은 조각)을 붙여 소비자에게 판매하는 거죠. 이렇게 하면 제조사와 트레이더 조 사이에 중간 공급자가 필요 없어서 좋은 품질의 와인을 저렴하게 판매할 수 있어요.

최근 PB 트렌드는 '멀티multi PB' 전략인데요, 하나의 상품 카테고리에서 두 개 이상의 PB 브랜드를 만드는 거예요. 예를 들어 초콜릿 맛 비스킷이라면 PB1은 저가 PB로, PB2는 고가 PB로 만드는 식이지요. 초콜릿 맛 비스킷을 원하는 고객 중에 가격을 가장 중요하게 생각하는 고객들에게는 저가의 PB1이 더 매력적으로 보이게 하고, 가격도 중요하지만 상품 패키징이나 고급스러움도 원하는 고객들에게는 고가의 PB2를 선택하도록 유도하는 거예요. 두 PB 모두 리테일러의 자체 브랜드이므로 어느 것을 판매하든 해당 리테일러의 순이익은 증가하지요.

이처럼 리테일러들이 취급하는 상품은 매우 다양하며, 가격정책과 이윤 구조를 고려해 소비자들에게 판매되고 있어요. 한층 까다로워지고 니즈 또한 다양해진 소비자들을 만족시키기 위해 리테일러들은 다양한 상품 구성뿐 아니라 자체 브랜드 개발에도 투자를 아끼지 않고 있답니다.

가격 price

이번에는 가격을 정할 때 고려해야 할 요소를 알아볼까요? 가격은 판매자 입장에서는 가장 비싸게 팔면 좋겠지만, 구매자 입장에서 가장 싸게 '느낄 수 있도록' 그 중간 정도로 형성되기 마련이에요. 리테일러가 가격을 매기는 기본 원리를 이해하려면 앞서 이야기한 공급망 사슬의 연결 관계를 알아야 해요. 제조사가 상품을 만들고, 대량의 상품을 물류업체를 통해 저장 및 분배해 리테일 매장들에 전달하면, 그 상품을 받은 매장에서 고객(소비자) 개개인에게 판매를 하죠. 다음 페이지의 그림을 볼까요?

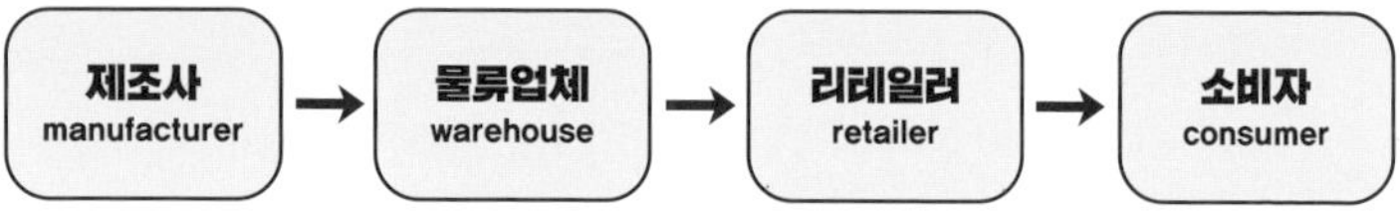

리테일 공급망 사슬

반팔 티셔츠를 예로 들어 볼게요. 공장에서 티셔츠를 만드는 데 재료비, 인건비 등으로 모두 3,000원이 든다고 가정해 볼까요? 만들어진 티셔츠, 즉 상품을 공장에서 리테일러에게 전달하려면 물류업체를 통해야 합니다. 상품 이동은 한 번에 끝나기도 하지만, 대개 공장에서 대량으로 물류센터로 운송을 하고, 물류센터에 티셔츠를 보관해 두고서 판매되는 속도에 따라 각각의 매장에 상품을 공급하지요. 그래서 물류센터를 운영하는 데 드는 인건비와 창고 임대료 등도 비용에 넣어야 해요. 물류업체가 리테일러에게 요청하는 보관 및 운송 금액이 티셔츠 한 장당 1,000원이라고 가정하면 티셔츠 한 장을 매장에 공급하는 가격, 즉 '원가'는 4,000원이 됩니다.

여기에 리테일러가 적정하다고 생각하는 이익 3,000원을 더하면 7,000원이라는 금액이 반팔 티셔츠의 최종 가격으로 결정됩니다. 이 경우 리테일러가 얻는 이익률(마진율)은 얼마일까요? 이익(3,000원)을 판매 가격(7,000원)으로 나눈(3,000원÷7,000원) 값인 42.85퍼센트가 리테일러의 마진율이 됩니다.

모든 비즈니스가 그렇듯, 리테일러도 이윤을 추구한다는 점은 마찬가지예요. 어떤 상품을 팔건 이익을 남기는 것이 중요한데요, 티셔츠를 한두 장 팔아서는 이익이 나지 않지요. 한 달에 티셔츠 몇 장을 팔아야 이익을 볼 수 있는지가 굉장히 중요한 문제입니다. 그런데 매장에서 판매하는 상품의 경우, 매장을 운영하는 데 드는 비용도 이익 계산에 포함해야 해요. 직원 월급과 전기세, 수도세 같은 관리 비용을 고정비용이라고 하는데요, 이 고정비용이 한 달에 300만 원 들어간다고 할 때 한 달에 티셔츠 몇 장을 팔아야 손해를 보지 않을까요? 아래와 같이 계산해요.

3,000,000원(고정비용) ÷ **3,000원**(상품 단위당 이익) = **1,000**(장)

다시 말해 한 달 고정비용을 충당해 손해를 보지 않는 상품 판매 수량은 티셔츠 1,000장이에요. 수입액이 지출액과 맞먹어 이익도 손해도 없는 지점이죠. 한 달에 티셔츠를 1,001장 팔게 되는 시점부터 이익profit이 생기는데, 이 개념이 바로 손익분기점BEP, break-even point입니다. 앞으로 경제 기사에서 BEP라는 약자를 보면 '손익분기점을 뜻하는구나' 하고 알 수 있겠지요?

그렇다면 리테일러들은 어떻게 가격을 정할까요? 대개 세 가지 방향으로 구분할 수 있어요. 첫째, 낮은 가격으로 시장점유율을 높이는 방법이 있습니다. 둘째, 높은 가격으로 고급 브랜드 이미지를 쌓아 고객 수가 적더라도 이익률을 높이는 방법이 있어요. 셋째, 멤버십을 통해 기본 수익을 확보하고 대신 상품당 마진율을 낮춰 다량 구매를 유도하는 방법도 있어요.

예를 들어 볼게요. 월마트가 목표로 삼는 것은 "Everyday Low Price", 이른바 EDLP 전략이에요. '언제나 낮은 가격'이라는 원칙으로 시장점유율을 높였지요. 이마트도 노브랜드를 통해 '초저가' 전략을 실행하고 있고요. 반면 샤넬이나 크리스챤 디올 같은 명품 브랜드들은 고가 정책을 유지하는 한편, 해마다 기존 가격의 5~10퍼센트씩 가격을 올리는데요, 그럼에도 열렬한 고객층 덕분에 꾸준히 구매가 이뤄집니다.

아마존은 프라임 멤버십Prime Membership이 성공의 핵심이었어요. 1년에 119달러(약 13만 원)를 내면 주문 금액에 상관없이 2일 내 무료 배송, 대부분의 무료 반품 혜택과 함께 음악, 영화 등 다양한 디지털 콘텐츠를 무료로 이용할 수 있거든요. 그런 다양한 혜택 덕분에 온라인 리테일 분야에서 1위의 자리에 오를 수 있었지요. 이처럼 가격 요소는 리테일러가 시장점유율을 올리는 데, 또는 브랜드 이미지를 구축하는 데 중요한 역할을 합니다.

상품 가격을 책정할 때에는 인간의 심리적인 면도 적용을 합니다. 이를테면 '990원'은 1,000원과 10원밖에 차이가 안 나지만, 네 자리 숫자인 1,000원보다 세 자리 숫자인 990원을 '싸다'고 느끼는 심리적인 부분을 이용하는 거죠. 많은 상품의 가격이 990원,

9,900원 등으로 책정되는 이유입니다. 또 한 가지, 동네 옷가게에서 7,000원에 파는 티셔츠와 비슷해 보이는 티셔츠를 나이키 같은 매장에서는 10만 원 가까운 금액에 파는데도 인기가 많은 이유는 브랜드의 힘 때문이에요. 이처럼 상품 가격은 다양한 측면을 반영하는 마케팅 요소입니다. 브랜드의 힘과 관련된 내용은 뒤에서 좀 더 자세히 살펴볼 거예요.

프로모션promotion(판매 촉진 활동)

우리는 하루하루 엄청나게 많은 광고 메시지에 둘러싸여 살아가고 있습니다. 미국의 경우, 온라인 광고가 존재하지 않았던 1970년대에는 한 사람당 하루 평균 500~1,600여 개의 광고 메시지에 노출되었다고 해요. 당시에는 거리에 설치된 텔레비전이나 신문, 라디오 같은 주요 매체들을 통해 광고를 접했을 테죠. 시장 조사 업체 얀켈로비치Yankelovich의 조사 결과, 2007년에는 한 사람당 하루에 무려 5,000여 개의 광고 메시지에 노출되었다고 해요. 그리고 가장 최근인 2020년에는 소비자 한 명당 하루 평균 6,000~1만여 개의 프로모션 메시지에 노출되었다고 합니다.[2] 이러한 추세는 한국도 비슷할 것으로 추측합니다. 이처럼 우리는 알게 모르게 엄청난 양의 광고 메시지를 접하고 있어요.

최근에 광고 메시지가 엄청나게 늘어난 이유는 TV나 라디오 말고도 온라인과 모바일로 접속하는 거의 모든 미디어에서 광고 메시지를 내보내기 때문입니다. 유튜브, 인스타그램, 페이스북 같은 소셜 미디어뿐 아니라 각종 게임, 옥외광고, 버스 정류장과 아파트 엘리베이터 등, 굉장히 다양한 경로로 직·간접적인 광고들을 접하게 됩니다.

광고는 대표적인 프로모션 기법이에요. 프로모션이란 소비자에게 제품이나 서비스, 또는 브랜드와 기업을 알게 해 궁극적으로는 구매로 유도하기 위한 활동이라고 정의할 수 있습니다. 그런 측면에서 프로모션의 목적은 상품과 기업을 알리는 것, 상품과 기업의 이미지를 높이는 것, 해당 기업의 상품을 구매하도록 유도하는 것이라고 할 수 있지요. 기업들이 프로모션을 위해 소비자들과 소통하는 접근 방법은 다음 페이지의 표와 같이 네 가지 측면에서 살펴볼 수 있습니다.

프로모션을 통해 브랜드 이미지가 긍정적으로 좋아지면 더 많은 고객을 끌어당길 수 있고, 고객 충성도customer loyalty를 높일 수 있으며, 가격 민감도도 떨어져 가격 인상에 거부감이 크지 않아요. 또한 비즈니스 영역을 넓힐 때에도 이점이 많지요. 그래서 많은 기업이 광고를 통해 소비자와 긍정적인 이미지를 소통하고, 해당 비즈니스 카테고리에서 '가장 먼저 떠오르는 브랜드top-of-mind brand awareness'로 만들기 위해 엄청난 투자와 노력을 쏟아붓는 거예요.

예를 들어 "커피 마시러 가자" 하면 스타벅스 매장을 떠올리는 것, 백화점 하면 롯데, 현대, 신세계 등을 떠올리거나, 대형 마트

	온라인	오프라인
인터랙티브(적극적인 상호 소통)	• 다이렉트 마케팅 또는 1 : 1 마케팅(예: 모바일 마케팅) • 온라인 마케팅(예: 웹 사이트, 블로그, 소셜 미디어)	• 퍼스널 셀링(개인 판매) • 판매 프로모션(예: 콘테스트, 추첨, 특별 이벤트, 매장 시연, 팝업 매장)
패시브(소극적인 소통)	• 다이렉트 마케팅(예: 이메일)	• 광고 • 판매 프로모션(예: 쿠폰) • PR(홍보) • 다이렉트 마케팅 또는 1 : 1 마케팅(예: 우편, 카탈로그)

브랜드 프로모션 방식은 네 가지 측면에서 살펴볼 수 있다.[3]

하면 이마트, 홈플러스, 롯데마트 등을 떠올리는 것은 다방면의 브랜드 프로모션 덕분입니다. 바꾸어 생각하면, 이러한 영역에 새롭게 진출하는 브랜드는 기존 강자들에 맞서 브랜드 이미지를 구축해야 합니다. 그러므로 차별화된 강점 없이는 수많은 경쟁에서 소비자의 마음에 브랜드를 각인시키기 어렵다는 뜻이기도 하죠.

광고 메시지를 소비자들에게 노출하는 데는 당연히 비용이 들어갑니다. 그 비용은 매체 또는 채널에 따라, 노출 시간에 따라 천차만별이에요. 세계에서 가장 비싼 광고로 꼽히는 것은 미국 슈퍼볼Super Bowl 경기에 올라가는 광고인데요. 슈퍼볼이란 1년에 한 번, 2월 첫째 주 일요일에 열리는 미국 프로 미식축구 챔피언 결정전NFL, National Football League입니다. 이날 경기 입장권은 가장 싼 것이 4,220달러(약 464만 원)에 이를 정도로 인기가 엄청나지요. 2020년 슈퍼볼 경기에서 30초 동안 광고하는 데 든 비용은 얼마였을까요? 30초 평균 광고 가격이 무려 560만 달러, 한화로 약 62억 원에 이르렀습니다.[4]

이렇게 엄청난 비용이 드는데도 기업들이 앞다투어 광고를 하려는 이유 중 하나는 우선 한 번의 광고로 굉장히 많은 소비자에게 브랜드를 노출시킬 수 있다는 장점 때문이에요. 2020년 2월에 열렸던 슈퍼볼 경기는 3억 3,000만 명에 이르는 미국 전체 인구의 30퍼센트에 가까운 9,800만 명이 시청했고, 전 세계에서 10억 명이 넘게 시청했다고 해요.

또 다른 이유는 소비자들이 슈퍼볼 경기 중 노출되는 광고를 '즐거운 엔터테인먼트'로 여긴다는 점 때문입니다.[5] 사실 소비자에게 노출되는 광고가 너무 많아지면서 그에 대한 피로도와 거부감도 커졌어요. 그런데 슈퍼볼의 경우, 흥미진진한 경기를 보면서 느끼는 즐거운 감정이 그 시간에 노출되는 광고에도 영향을 주어 광고까지 긍정적으로 보게 되는 거죠. 실제로 소비자 연구 결과들을 보면 소비자들의 감정이 노출되는 광고 메시지를 평가하는 데 전이spill over된다고 해요. 다시 말해, 광고 메시지가 노출될 당시의

69년 역사의 밀가루 브랜드 곰표는 팝콘, 맥주 등 다양한 상품과 브랜드 컬래버레이션으로 젊은 소비자들에게 인기를 끌었다.

무드mood(분위기, 기분)가 중요한 역할을 한다는 뜻이에요.

프로모션의 종류는 다양합니다. 광고뿐 아니라 브랜드의 새로운 시도나 재미를 더한 색다른 아이템들도 프로모션의 사례죠. '재미'를 더하는 것이 중요해진 이유는 수많은 브랜드 메시지 중에서 소비자의 관심을 끌기에 효과적이기 때문이에요.

여러분도 '곰표 패딩'을 보거나 들어 본 적이 있을 텐데요, 곰표는 대한제분의 밀가루 브랜드로 69년의 역사를 가졌어요. 그런데 2019년 겨울 뜬금없이 대형 밀가루 포대와 닮은 곰표 패딩 점퍼를 선보였습니다. 가슴에 '곰표'라는 글씨가 한글로 크게 새겨져 있는 점퍼를 보고 의아해하면서도 재미있는 접근에 소비자들 사이에 입소문이 났죠. 곰표의 마케팅 담당자는 한 인터뷰에서, "곰표 브랜드가 인지도는 높지만 잊힌 브랜드, 오래된 이미지로 남았다고 진단했고, 브랜드 이미지를 높여 소비자들에게 다시 다가가고 싶어서 이를 기획했다"고 설명했습니다.[6] 같은 이유로 뜻밖의 브랜드와 협업(컬래버레이션)을 진행하기도 했고, 선크림, 치약, 쿠션 등도 선보였어요. 선크림, 치약, 쿠션 같은 상품들은 '하얀' 이미지가 중요하잖아요. 곰표 밀가루와 뜻밖에 접점을 이루는 것에 재미를 느낀 젊은 소비자들에게 엄청난 인기를 끌었지요.

또한 서울 을지로에 위치한 고잉메리Going Mary라는 푸드 코트와 편의점 등이 혼합된 매장에서는 재미있는 프레젠테이션의 푸드&음료(F&B)를 먹고 마실 수 있어요. 이곳에서는 제조사의 조리법을 새롭게 해석한 상품들을 만날 수 있는데요, 예를 들면 이마트 노브랜드의 '당다라당당 파르페', '요괴라면' 같은 이름의 제품들입니다. 요즘에는 이렇게 리테일에 엔터테인먼트 요소를 강조한 트렌드가 주목을 받고 있어요.

최근의 프로모션 트렌드로 인플루언서를 통한 홍보를 들 수 있는데요, 연예인뿐 아니라 SNS에서 팔로어가 일정 규모 이상 되는 이들에게 인스타그램이나 유튜브로 상품이나 서비스를 홍보하도록 하는 방법입니다. 또한 실시간으로 소통할 수 있는 라이브 커머스 환경에서는 인플루언서가 상품을 판매하기도 하죠. 특히 일반인이었다가 유튜브로 유명해진 유튜버들을 통한 홍보가 급격히 성장하고 있어요. 이런 현상은 소비자들이 유튜버들에게 동질감을 느껴 심리적으로 더 가깝게 생각하기 때문으로 해석할 수 있습니다.

그런데 한국보다 훨씬 더 일찍, 그리고 엄청난 규모로 인플루언서 홍보가 성장한 나라가 있습니다. 바로 중국이에요. '인터넷(왕)에서 인기 있는 사람(홍)', 다시 말해 'SNS 인기인'이란 뜻으로 '왕홍网紅'이라고 불리는 중국 인플루언서들은 SNS에서 엄청난 힘을 가지고 있어요. 14억 명에 달하는 중국 인구 덕분에 유명 왕홍들은 중소기업을 능가하는 매출을 올리는 경우가 많거든요. 예를 들어 중국판 트위터 '웨이보'의 팔로어 수만 1,100만 명이 넘는 모델 출신 쇼핑 호스트 장다이는 타오바오쯔보(1인 방송과 전자 상거래를 결합한 서비스)에서 패션 아이템을 판매해 두 시간 만에 2,000만 위안(약 33억 원)의 매출을 올린 적도 있을 정도예요.

입지 place

여러분은 쇼핑할 때 어느 곳으로 가나요? 식사할 때는 맛집을 찾아다니는 편인가요, 아니면 가장 가까운 곳으로 정하나요? 비즈니스에서 매장의 위치는 굉장히 중요해요. 유명한 맛집이나 쇼핑몰을 찾아다니기 좋아하는 사람들도 많지만, 소비자들은 대부분 기본적으로 가장 편한 곳, 가까운 곳을 선호하니까요.

앞서 예로 든 의류 매장을 연다고 가정해 볼까요? 그 매장을 어디에 여는 게 좋을까요? 예를 들어 동네 주민들을 대상으로 하는 작은 규모의 매장을 주거지 근처에 열 수도 있고, 명동이나 강남역 같은 도심 비즈니스 구역에 매장을 오픈하는 방법도 있어요. 백화점이나 도심의 쇼핑몰에 입점해 날씨에 영향을 받지 않는 쇼핑 환경을 마련하는 것도 한 방법이죠. 아니면 도심 외곽이나 관광지의 아웃렛이나 대형 쇼핑몰 안에 매장을 오픈할 수도 있고요.

리테일 비즈니스에서 입지의 선정은 아주 중요해서 신중하게 선택해야 해요. 입지 선택에 가장 중요한 네 가지 요인을 꼽아 볼게요.

1) 타깃 고객을 고려한 전략적 위치가 맞는가?

2) 상권의 경제적인 조건이 적절한가?

3) 경쟁은 어느 정도인가?

4) 운영 비용이 적절한가?

하나하나 자세히 살펴볼까요? 첫째, 팔고자 하는 상품과 타깃 고객이 서로 잘 어울리는 위치인지 따져 봐야 해요. 예를 들어 여러분이 오픈하려는 의류 매장이 10대를 겨냥한 것인지, 40~50대를 겨냥한 것인지에 따라 매장 위치를 선택하는 기준이 달라집니다. 10대를 겨냥한다면 당연히 젊은 소비자들이 많이 몰리는 곳을 선택해야겠지요. 또 유기농 전문점 등 특화된 콘셉트라면 매장을 열고자 하는 지역의 소득수준, 라이프 스타일, 지역 상권의 분위기 등을 고려해야 합니다.

둘째, 상권의 경제적인 조건을 따져 봐야 해요. 전체적인 상권이 침체되어 가는 곳, 이를테면 1990년대에 엄청나게 힙해서 젊은 이들의 아지트 같은 곳이었던 서울 압구정동 등은 지금은 좋은 입지라고 보기 힘들어요.

이 두 조건이 어떻게 적용되는지 제가 사는 노스캐롤라이나주에서 종종 이용하는 한인 마트인 'H마트H-MART'를 예로 들어 설명해 볼게요. 제가 가는 매장은 2019년에 오픈한 지점으로, 노스캐롤라이나주의 첫 매장이자 유일한 매장이에요. 우리나라의 이마트 같은 H마트는 1982년 미국 뉴저지주에서 작은 슈퍼마켓으로 시작했지만 이후 미국 전역에 70여 개의 매장을 열고, 연 매출이 10억 달러(약 1조 1,000억 원)가 넘는 기업으로 성장했어요.

미국은 국토 면적이 엄청나게 넓어서 한 주state의 크기가 한국의 전체 면적보다 더 넓은 곳도 많습니다. 노스캐롤라이나주도 마찬가지인데요, H마트가 노스캐롤라이나주에 첫 매장을 열기로 했을 때 입지 선택에서 가장 중요하게 고려한 것은 바로 한국인, 아시아인의 인구 비율이 많은 곳인가, 그리고 그곳으로 유입 인구가 늘어나고 있는가였습니다. 만약 아무리 상권이 좋고 경제적인 성장 가능성이 큰 곳이라고 하더라도 한국인, 아시아인이 없는 백인

아시아인들이 많이 거주하는 지역을 거점으로 미국 전역에 지점을 내며 성장한 H마트의 사례는 입지 선정의 중요성을 보여 준다.

중심 동네에 오픈했다면 그만큼 성공할 수 있었을지 의문입니다.

셋째, 경쟁을 생각해 봐야 해요. 매장을 열려고 하는 지역에 비슷한 콘셉트, 경쟁 브랜드가 많다면 어떨까요? 경쟁자는 많은데 유동 인구 수가 많지 않다면 소비자가 여러분 매장을 찾을 가능성이 줄어들고 그만큼 매출은 낮아질 거예요. 그런데 경쟁자가 많다고 하더라도 타깃 고객층의 유동 인구 수가 많다면 오히려 매출이 늘어날 수도 있습니다. 이른바 '힙지로'라고 불리며 인기를 끌고 있는 서울 을지로에는 비슷한 뉴트로 감성을 내세운 음식점들이 모여들고 있고, 서울 이태원 근처의 경리단길에도 감각 있는 작은 매장들이 속속 생겨났습니다. 이렇게 특화된 이미지가 분명한 지역이라면 비슷한 콘셉트의 매장이 있다고 하더라도 오히려 유동 인구가 늘어날 가능성이 있다는 얘기예요.

넷째, 마지막 요인은 운영 비용입니다. 가장 현실적인 요인이기도 하죠. 일반적으로 매장은 어떤 지역의 건물에 입점해 매달 임대료를 지불하는 방식으로 운영됩니다. 그런데 임대료가 말도 안 되게 높다면 앞의 세 가지 조건이 아무리 좋다고 하더라도 좋은 입지라고 볼 수 없어요. 매출이 많아도 다달이 높은 임대료를 내야 한다면 이익을 남기기 어렵기 때문이죠.

서울 명동이나 강남대로에 자리한 눈에 잘 띄고 규모가 큰 매장의 한 달 임대료는 적게는 몇천만 원, 많게는 1억 원이 넘습니다. 그런 곳에는 보통 대기업 브랜드 매장들이 입점해 있는데요, 그 이유는 그만한 임대료를 감당할 수 있으면서 전략적으로 그곳에 매장이 필요하기 때문이라고 볼 수 있지요. 게다가 매장 운영에는 임대료 말고도 다양한 비용이 추가로 들어갑니다. 매장을 운영하는 데 드는 인건비와 상품 운송과 보관 관련 물류비뿐 아니라, 공동 구역 관리비나 보험료, 광고비처럼 해당 건물 입점에 따른 비용이 부수적으로 들어가기 마련이거든요. 따라서 어떤 입지를 선택했을 때 발생하는 비용들을 종합적으로 고려하고 올릴 수 있는 매출을 꼼꼼히 비교해 가장 알맞은 입지를 골라야 합니다.

전통적으로 굉장히 중요하게 여겼던 입지 조건과 관련해 최근 들어 의미 있는 변화가 나타나고 있어요. 온라인 쇼핑과 모바일 쇼핑에 날로 친숙해지면서 앞서 말한 입지 조건들이 예전만큼 중요하지는 않게 되었죠. 소비자들이 보다 편리한 온라인·모바일 쇼핑으로 이동하고 있던 와중에 감염병인 코로나19의 확산이 점점 심해지면서 나이 많은 소비자들까지 대거 온라인으로 유입되었기 때문입니다.

온라인으로 모든 것이 배달되는 시대가 되어 가면서 소비자들이 매장에 방문할 필요가 점차 줄어들고 있어요. 공산품이나 주기적으로 구매하는 상품들은 굳이 직접 매장에 가서 사 들고 오는 것보다 온라인으로 구매하고 배송받는 편이 훨씬 편하고 가격이 싸기도 하죠. 하지만 옷이나 신선 식품 같은 상품들은 여전히 실제로 입어 보거나 눈으로 확인하고 싶어 하는 니즈가 있어요. 이러한 니즈를 만족시키는 한편, 경험을 바탕으로 온라인과는 차별화된 특장점을 소비자들에게 제시해야 하는 것이 오프라인 매장에 주어진 숙제이기도 합니다.

이렇게 첫 장에서는 다양한 관점에서 리테일 비즈니스의 기본 개념을 살펴보고 마케팅의 핵심인 4P도 짚어 보았습니다. 자, 그럼 이제 리테일과 쇼핑, 소비자에 대해 좀 더 자세히 알아봅시다.

생각해 볼 포인트

☑ 리테일 마케팅의 4P란 무엇인가요?

☑ 리테일러들에게 중요한 PB란 무엇이며, PB는 어떤 장단점을 동반하나요?

☑ 상품의 가격을 매기는 요인에는 어떤 것들이 있나요?

☑ 브랜드를 프로모션하는 가장 중요한 목적은 무엇인가요?

☑ 입지를 선정하는 데 중요한 요소들은 무엇인가요?

2장

그것이 알고 싶다, 소비자 심리

합리적·비합리적 소비

"나 '플렉스'했어!"의 의미

소비 행위는 자신을 드러내는 수단

최근 유행어 중 '플렉스flex'라는 말이 있지요? 고가의 브랜드를 구입한 뒤 SNS에 상품 사진을 올리면서 "나 플렉스했어!"라고 적거나 방송 예능 프로그램에서도 짐짓 우쭐대며 "나, 오늘 플렉스했잖아!"라고 말하는 장면을 자주 볼 수 있습니다. 플렉스라는 말의 어원은 '구부리다'인데요, '뽐내다'라는 뜻으로도 쓰여요. 따라서 '플렉스하다'라는 표현은 '소비로써 타인들에게 나를 과시하다, 보여 주다' 정도로 해석할 수 있습니다. 그렇게 플렉스한 상품의 포장 상자를 여는 과정을 보여 주는 '언박싱unboxing'도 하나의 유행이 되었죠. 이에 따라 브랜드들은 상품을 받아서 여는 '그 순간의 즐거움'을 위해 상품 패키징과 감각적인 경험에 많은 신경을 쓰고 있습니다.

플렉스의 근본 동기는 자신의 소비 경험을 타인과 공유하고자 하는 심리예요. MZ세대(1980~1994년에 출생한 '밀레니얼 세대'와 1995년 이후

비싸도 마음에 드는 제품을 선호하는 카테고리는 무엇입니까?

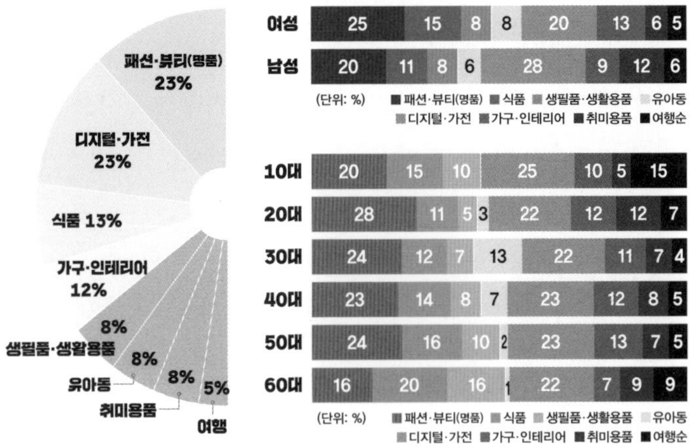

출처: 이베이코리아(2020)

생필품은 알뜰하게 구입해도 원하는 고가의 물건 앞에서는 '플렉스'하고 싶어 하는 소비자 심리를 보여 준다.

출생한 'Z세대'를 아우르는 말)[7]의 특징 중 하나가 명품 플렉스를 포함해 자신의 일상을 인스타그램, 틱톡 등의 소셜 미디어에 공유하는 것입니다. 여러분도 맛집에 가거나 여행을 가거나 쇼핑을 하고서 사진을 찍어 소셜 미디어에 공유한 경험이 있을 거예요. 그런데 한번 생각해 봐요. 우리는 왜 소비 경험을 타인과 공유하려고 하는 것일까요? 인스타그램이나 페이스북 같은 SNS에 셀피 또는 상품이나 음식 사진 등을 찍어 올리는 이유는 무엇일까요?

그 근본적인 이유는 소비 행위가 자신을 드러내는 수단이 되기 때문이에요. 상품이 가진 상징성이 자신을 표현하는 자기표현self-expression의 수단이 되는 거죠. 많은 사람이 명품을 선호하는 이유도 고가의 제품이니 그만큼 품질이 좋을 것이라는 생각뿐 아니라 자신이 명품을 살 만한 경제적 능력과 사회적 위치를 갖추었음을 간접적으로 암시할 수 있기 때문이기도 합니다. 다시 말해 상품의 브랜드와 가격으로 자신을 표현하고자 명품을 소비하고 '플렉스'한 것을 SNS상에서 공유한다는 것이죠.

최근에는 매장들이 앞다퉈 사진이 예쁘게 나오는 '포토존'을 따로 만들거나, 매장 곳곳에 사진 찍을 만한 장소를 마련해서 사진 찍기를 부추기기도 하죠. 매장에 '인스타그래머블instagrammable(인스타그램에 올릴 만한)' 포인트가 있으면 더 많은 공유가 일어나 매장을 찾는 사람들이 늘어난다는 이유에서입니다. 그만큼 어떤 경험을 공유하는 것이 우리 소비 문화에서 중요해졌어요.

조금 더 깊이 들어가 보죠. 소비 경험을 공유하려는 소비 심리는 인간의 근본적인 욕구와 밀접한 관계가 있어요. 심리학자 에이브러햄 매슬로Abraham Maslow는 '욕구 단계 이론Hierarchy of Needs'을 세워 인간의 심리를 분석했습니다. 그는 다양한 욕구들이 강도에 따라 단계를 이루고 있다고 주장하며, 인간의 욕구를 일곱 가지로 구분했지요.

일곱 가지 중 낮은 수준의 욕구인 생리적 욕구부터 안전의 욕

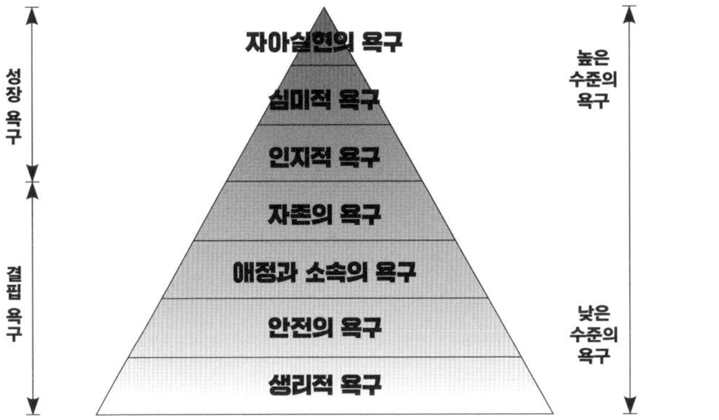

인간의 욕구 단계

구, 애정과 소속의 욕구, 그리고 자존의 욕구를 포함하는 네 가지 욕구는 결핍에 따른 욕구를 뜻해요. 기본이 되는 결핍 욕구가 충족되면 이제 세상에 대해 궁금해하고 잠재력을 실현하는 성장 욕구를 추구하기 시작합니다. 다시 말해, 의식주를 포함한 결핍 욕구가 충족되어야 비로소 더 높은 수준의 욕구인 인지적 욕구, 심미적 욕구, 자아실현의 욕구 등 성장 욕구를 추구한다고 보는 거예요.

매슬로의 욕구 단계 이론의 관점에서 플렉스는 자존의 욕구, 인지적 욕구, 심미적 욕구를 만족시키기 위한 소비라고 볼 수 있어요. 명품을 자신의 자존감과 만족감, 매력을 높이는 하나의 수단으로 여기는 것, 즉 인간의 욕구에 기인한 행위라고 할 수 있겠지요.

판매 가격 10만 원이 300만 원이 되는 마술, 리셀 마켓

플렉스와 관련해 한 가지 특이한 점은 10대와 20대 중심의 젊은 세대에서 유행한다는 거예요. 실제로 명품을 찾는 10대들이 늘어나는 추세이고, 한 설문 조사 결과에서도 명품을 구매한 적이 있는 10대 중·고등학생이 참여 조사자의 절반 이상을 차지했다고 합니다.[8] 명품을 일상복으로 치장하는 플렉스 문화가 10대를 파고들었다고 볼 수 있어요.

그런데 경제활동을 하지 않는 10대 청소년들이, 또는 20대 청년들이 '알바'를 해서 명품을 플렉스하기란 쉽지 않습니다. 물론 한 달 알바한 돈을 모아 명품을 살 수는 있겠지만, 계속 꾸준히 구입하기는 어렵지요. 그런 플렉스를 가능케 하는 요소 중 하나가 리셀resell(다시 판매하는 것) 마켓, 바로 중고 상품을 거래하는 중고 시장이에요. 앞에서 말한 플렉스를 10~20대도 할 수 있게 된 배경에는 이처럼 명품 중고 시장이 형성되고 접근도 쉬워졌다는 요인이 있습니다.

재미있는 점은 리셀 마켓에서는 상품의 가격과 가치가 정해져 있지 않다는 거예요. 1장에서 상품의 가치가 어떻게 정해지는지 살펴보았듯이, 신상품과 중고 상품의 가격을 비교하자면 당연히 신상품의 가격이 더 높고 중고 상품의 가격이 더 낮을 수밖에 없죠. 혹시 '당근마켓' 같은 중고 거래 플랫폼에서 사용하던 물건을 판매하거나 필요한 물건을 구입해 본 적이 있나요? 당근마켓에서

2011년 '에어조던' 농구화 시리즈 신제품을 사려는 사람들이 샌프란시스코 유니언스퀘어의 나이키 매장 밖에 줄지어 서 있는 모습. 1985년 마이클 조던이 직접 신고 뛰었으며 친필 사인까지 한 농구화는 2020년 소더비 경매에서 56만 달러(약 6억 9,000만 원)에 낙찰됐다(오른쪽 아래).

판매되는 가격은 모두 처음 정가보다 낮고, 판매 금액에서 다시 네고negotiation(협상)를 하기도 합니다.

그런데 반대로 중고 가격이 오히려 더 높은 경우도 있어요. 나이키 운동화가 보통 한 켤레에 10만 원 안팎인데요, 마이클 조던이 신어서 화제가 된 나이키 한정판의 거래 가격은 무려 300만 원까지 책정될 정도예요. 어째서 이런 거래가 가능할까요? 그것은 '상품 또는 브랜드에 담긴 가치' 때문입니다. 한정판이라는 것은 누구나 구할 수 없다는 뜻이고, 그 희귀성 때문에 가격이 높아지는 것이죠.

이해하기 쉽게 한 켤레에 10만 원짜리 일반 나이키 운동화를 원하는 사람이 100명, 10켤레 한정 판매 모델인 20만 원짜리 나이키 운동화를 원하는 사람이 100명 있다고 가정해 봅시다. 일반 나이키 운동화를 원하는 사람들은 나이키가 생산을 중단하지 않는 한 10만 원을 내면 그 모델을 살 수 있어요. 그런데 10켤레만 만든 한정판을 원하는 사람은 100명이니 10 대 1의 경쟁이 되죠. 이는 90명은 20만 원을 내고 신발을 사고 싶어도 살 수 없는 상황이 생긴다는 얘기예요. 그런데 20만 원에 한정 모델을 구입한 10명이 중고 거래 시장에 30만 원, 심지어 그 가격 이상으로 판매가를 정해 내놓는다고 생각해 봐요. 신발을 구입하지 못한 90명 중 30만 원이나 그 이상을 내고서라도 구입하려는 사람들이 있기 마련이라 거래가 이루어집니다.

물론 이러한 상징성이나 상품에 담긴 의미는 개인마다 다르게 받아들이는 부분이지만, 뒤집어 생각해 보면 왜 기업들이 상품과 기업, 브랜드 가치를 높이려고 다양한 노력을 기울이는지 이해할 수 있는 대목이기도 하지요.

똑똑한 소비란 무엇일까?

소비와 관련된 심리는 복잡하게 얽혀 있고, 그에 더해 상황에 따른 요소들도 어우러져 있습니다. 그런 이유로 소비심리학이라는 학문도 존재하는데요, 소비심리학은 전통적인 심리학뿐 아니라 마케팅학, 경제학, 광고학, 인류학 등을 융합해 인간의 심리와 행동을 이해하고자 하는 학문이에요. 소비자가 어떤 과정을 통해 의사 결정을 하고, 수많은 상품 관련 정보들을 어떻게 처리하고, 소비 결정을 이끌어 내는 동기 요인은 무엇이며, 브랜드나 기업에 대한 태도는 어떻게 형성되고 변할 수 있는지 등을 연구하지요.

리테일 분야에서는 소비 심리를 이해하는 것이 중요합니다. 점점 더 복잡해지는 소비 환경에서 소비자들이 매장에서 어떤 행동을 하는지 관찰하고, 온·오프라인에서 고객 조사를 하거나 SNS에서 소비자들과 소통해서 그들의 행동과 의사 결정을 이해해야 해요. 게다가 그 배경과 이유를 파악해야 해서 소비 심리 이해가 더욱 중요해지고 있어요. 소비자들의 심리에 대한 이해가 바탕이 되어야 타깃 고객이 좋아할 만한 브랜드를 만들 수 있고, 더 많은 상품을 판매하며, 더 만족스러운 고객 서비스를 제공할 수 있기 때문이지요. 또한 더 정교한 광고와 프로모션을 진행해 매출을 올리고, 고객 충성도를 높이는 데에도 도움이 됩니다. 리테일러들이 마케팅 팀, 전략 팀 외에도 소비자 조사 팀을 직접 운영하거나 리서치 센터에 의뢰해 주기적으로 소비자 심리를 조사하는 이유예요.

소비자 개인의 관점에서는 소비 심리를 이해함으로써 소비의 순기능과 역기능을 아는 것이 중요해요. 이는 보다 주체적으로 소비 결정을 할 수 있는 똑똑한 소비자가 되기 위해서이지요.

먼저, 소비를 함으로써 우리가 즐거움과 행복감을 느끼는 것은 소비의 중요한 순기능입니다. 예전에 유명했던 광고 카피 중에 "열심히 일한 당신 떠나라"라는 문구가 있어요. 이렇게 기업들은 소비를 하나의 보상 행위로 보고 '나를 위한 선물'이라는 뜻을 담아 소비를 권장하기도 하지요. 나를 위해 기꺼이 지불하는 돈의 가치만큼, 또는 그 이상으로 심리적 행복감을 얻을 수 있는 것은 틀림없이 좋은 일이기는 합니다. 상품이나 서비스를 소비할 때 단순히 '기능적인 필요'만으로 구매를 결정하지는 않으니까요. 기분 전환을 위해, 즐거움을 느끼기 위해 쇼핑을 하거나, 아니면 쇼핑하는 그 자체로 재미와 만족감을 느끼기도 하지요.

하지만 '플렉스'처럼 감정적인 가치에만 지나치게 집중해 무리한 규모의 소비를 하는 것은 결코 균형 잡힌 소비라고 볼 수 없습니다. 사실 또래 집단의 스타일과 소비 형태가 중요한 참고 기준이 되는 청소년기에 다른 친구들을 의식하지 않기가 쉽지는 않을 거예요. 하지만 굳이 비싼 상품이 아니더라도 나에게 필요한 상품을 가격만큼의 효용 가치를 꼼꼼히 따져 구입하는 습관을 들이는 것은 굉장히 중요해요. 청소년기에 배우는 경제 개념이 평생 소비 습관의 토대가 되기 때문이지요. 저는 중·고등학교 시절에 부모님이 주신 용돈을 조금씩 모아서 좋아하는 물건을 사기도 하고, 부모님께 작은 선물을 사 드리기도 했어요. 그때의 기쁨이 지금도 기억에 남아 있습니다. 유학 시절에는 부모님 도움 없이 살아 보려고 노력했는데요, 그동안 매일은 아니어도 1주일에 한 번씩 지출 내역을 정리해서 한 달 소비 규모를 계획할 수 있었던 것도 어릴 적 소비 경험 덕분이었어요.

여러분도 주어진 용돈에서 계획적으로 소비하고 기록을 남겨 보거나 경제 기사에도 관심을 가져서 일찌감치 균형 있는 소비 감각을 기르기를 바랍니다. 현명한 소비 습관은 주체적인 삶의 소중한 밑거름이 되니까요.

생각해 볼 포인트

- ☑ "나 플렉스했어!"라는 말에 담긴 인간의 본성은 무엇일까요?
- ☑ 왜 사람들은 정가 20만 원짜리 나이키 한정판 운동화를 300만 원을 주고서라도 사려고 할까요?
- ☑ 소비심리학이란 어떤 영역을 아우르나요?
- ☑ 균형 잡힌 소비란 무엇을 말하나요?

소비자는 합리적일까, 비합리적일까?

사은품 받으려고 밤샘해 보았나요?

여러분은 상품을 구매할 때 무엇을 따져 보는 편인가요? 사람들은 대부분 상품의 가격과 상품 사양specification(스펙), 외관과 디자인, 다른 소비자들의 리뷰(후기) 등을 참고해서 구매를 하곤 해요. 그런데 어쩔 땐 단지 상품이 '너무 예뻐서' 고가임에도 구입하거나 굳이 필요하지 않은데 구입하기도 하지요. 아니면 그 상품에 딸린 사은품이 '좋아 보여서' 상품보다 사은품을 가지려고 구입하기도 합니다.

스타벅스에서 제공하는 사은품이 한 가지 예인데요, 연말이 되면 스타벅스에서 사은품으로 제공하는 다이어리를 받으려고 여러 가지 행사 음료를 포함해 17잔에 해당하는 별을 적립해 다이어리를 받고, 다이어리 사진을 인스타그램에 올리기도 하지요.

그런데 2020년 여름에 선보인 작은 여행용 가방 서머 레디백Summer Ready Bag이 사은품계에 돌풍을 일으켰어요. 서머 레디백은

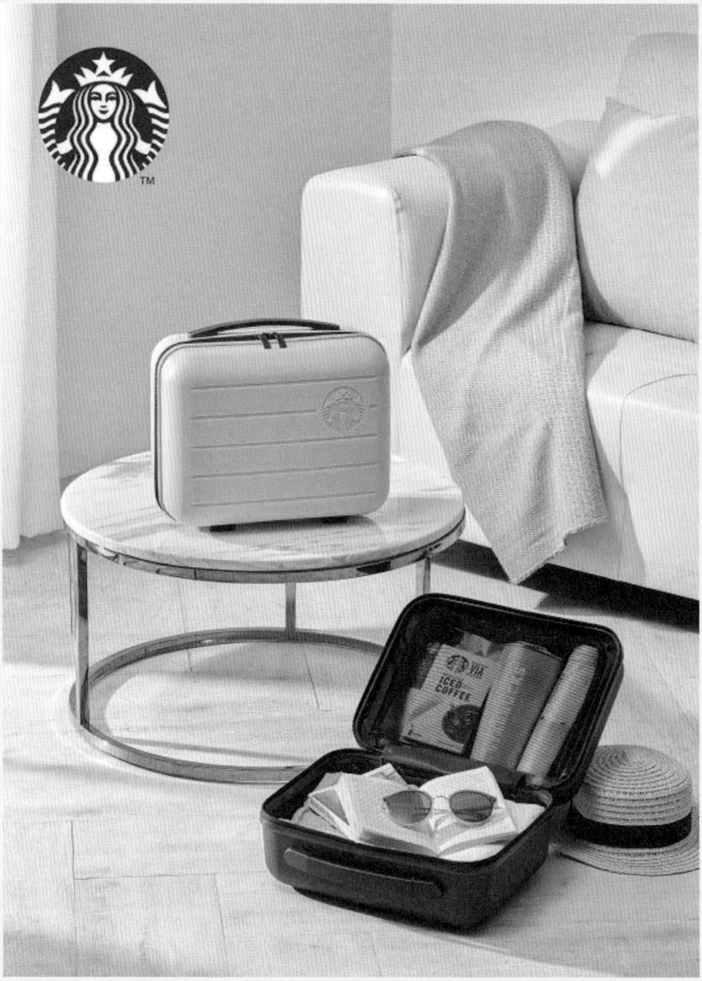

스타벅스커피코리아의 2020년 사은품 '서머 레디백' 중 핑크색이 선풍적인 인기를 끌었고 소비자들은 새벽부터 줄 서기도 마다하지 않았다.

스타벅스 로고가 새겨진 하드 타입 케이스인데요, 다른 굿즈들보다 훨씬 인기가 많았습니다. 게다가 핑크색이 초록색보다 인기 있어서 금세 품절이 되다 보니, 사은품을 받으려고 매장이 문을 열기 한참 전부터 줄을 서는 진풍경이 연출되기도 했죠. 심지어 서울 여의도의 한 스타벅스 매장에서는 음료 300잔을 주문해 사은품만 여러 개 챙기고 구입한 음료 299잔을 남기고 가는 사건까지 벌어졌어요. 이 모든 일이 스타벅스의 '사은품'을 얻기 위한 것이었습니다.

그런데 여러분, 다이어리 하나를 받기 위해 마셔야 하는 음료 17잔의 금액은 과연 얼마일까요? 음료 한 잔 가격을 평균 4,000~6,000원으로 계산했을 때 음료 17잔은 약 7만~10만 원에 이르는 금액인데요, 이는 일반적인 다이어리 가격보다 훨씬 비쌉니다. 이런 선택은 상품의 질이 얼마나 좋은가, 가격이 합리적인가와 같은 질문과는 거리가 꽤 멉니다. 그럼에도 이렇게 지나친 상황들이 벌어지는 것을 보면 '과연 소비자들은 합리적일까, 아니면 비합리적일까?' 문득 궁금해지기도 해요. 여러분은 어떻게 생각하나요?

소비자들의 선택에 영향을 주는 광고

우리는 합리적인 소비를 하고 있다고 생각하지만, 많은 경우 기업이 제공하는 메시지에 이끌려 나도 모르게 선택한 것일 수 있습니다. 그 메시지란 1장에서 살펴보았듯이, 기업들이 자사 브랜드를 선택하게 하려고 사용하는 다양한 방법 중 가장 일반적인 광고와 PPL product placement 광고입니다. 오랫동안 기업들은 TV, 라디오와 신문 등의 채널에서 자사의 상품과 서비스를 광고해 왔어요. 스마트폰이 등장한 2007년 이후로는 그러한 광고의 중심이 모바일로 옮겨 갔고요.

문제는 광고가 너무 많아지다 보니 광고를 안 보고 넘어가는 사람들이 많아졌다는 거예요. 그래서 PPL 기법이 점점 더 많이 이용되고 있습니다. 특히 드라마나 예능 프로그램에서 PPL 기법을 자주 볼 수 있는데요, 대놓고 광고하는 것이 아니라 등장인물이 대화 중간에 특정 브랜드 상품을 자연스럽게 언급하거나, 카메라로 브랜드 로고를 한두 번 비추는 것만으로도 홍보 효과가 톡톡히 나타나지요. 게다가 기업의 광고보다 거부감이 적어서 효과가 좋아요. 물론 요즘에는 똑똑해진 소비자들이 PPL도 잘 알아차리긴 하죠.

기업의 광고이건 드라마 속 PPL이건 이런 메시지들은 기업들의 상품과 서비스에 대한 정보를 제공함으로써 브랜드 인지도awareness를 높일 수 있어요. 브랜드를 반복해서 노출함으로써 어떤 상품 카테고리를 생각할 때 자연스럽게 그 브랜드를 떠올려 구매까지 이어지도록 하는 것이 중요한 목적이죠. 어떤 카테고리를 생각할 때 자연히 떠오르는 브랜드로 존재하는 것, 이런 접근을 '브랜드 포지셔닝brand positioning'이라고 해요. 성공적인 브랜드 포지셔닝은 소비자에게 '○○ 카테고리는 곧 △△ 브랜드'라는 공식을 연결 지을 수 있게 합니다.

예를 들어 휴지가 필요할 때에는 크리넥스가 떠오르고, 고깃집에서 옷에 밴 냄새를 제거할 땐 페브리즈가 떠오르고, 커피 하면 스타벅스, 식품 쇼핑은 이마트, 백화점은 롯데백화점 등이 떠오르는 것은 마케팅과 광고가 성공했다는 증거라고 할 수 있죠. 브랜드 포지셔닝에 성공한 브랜드들은 다른 브랜드들과의 경쟁에서 우위를 차지하게 됩니다.

또한 소비자들의 심리에는 '많이 알려진 브랜드가 좋다'라든가, '가격이 높으면 품질이 좋다'와 같은 일종의 관념 같은 것이 존재해요. 잘 알려진 브랜드를 구입하는 것이 합리적이라는 심리적인 안정감도 느끼고요. 기업의 입장에서 광고가 중요한 이유입니다. 그래서 상품을 구매하는 과정에서 "품질이 좋아서 가격이 높다"라는 말을 많이 듣기도 하지만, 사실 20만~30만 원짜리 가방과 100만~200만 원짜리 가방의 품질은 우리가 생각하는 것만큼 그렇게 크게 차이 나지 않을 수도 있어요.

요즘에는 '가격이나 브랜드에 상관없이 내가 만족하면 구매한다'라는 이른바 '나심비(나+심리+가성비)'가 젊은 소비자들이 생각하는 합리적인 소비의 관점을 규정하기도 합니다. 다시 말해, 합리적인 소비, 비합리적인 소비라는 판단은 주관적인 경우가 많으며, 기능적인 가치와 감성적인 가치 등 다양한 측면에서 판단할 수 있어요. 여러분은 어떤 소비가 합리적인 소비라고 생각하나요?

넛지를 이용해 소비자 행동 바꾸기

기업에서 소비자의 생각과 행동을 바꿀 수 있을까요? 한 가지 사례를 살펴보겠습니다. 최근 들어 환경문제가 점점 더 심각해지고 있는데요, 온실효과에 따른 기후변화를 직접 경험하고 있고, 역사적으로 기록에 남을 만큼 길었던 미국과 호주의 산불 사건도 일어났지요. 우리가 무심코 사용하는 플라스틱과 비닐 등 썩지 않는 물질로 해양 생물들과 육지에서 살아가는 동물들이 고통받는 모습도 자주 접하고 있습니다.

전 세계에서 1년에 사용되는 일회용 컵의 개수는 무려 5,000억 개가 넘는다고 해요. 이런 소식들이 알려지며 여러 개인이나 단체가 환경문제를 해결하는 데 동참하기 위해 플라스틱 사용을 줄이자는 캠페인을 벌입니다. 많은 카페에서 일회용 컵 대신 텀블러 사용을 권장하는 것도 같은 맥락이에요.

여기서 합리적이고 이성적인 행동은 텀블러를 사용해 환경보호에 동참하는 것이지요. 하지만 텀블러를 가지고 다니는 것이나 사용한 텀블러를 씻는 것이 귀찮기도 하고, 깜박하고 텀블러를 두고 나올 때도 있어서 텀블러 사용이 생각만큼 쉽지는 않아요.

이와 관련된 재미있는 실험을 살펴볼게요. 영국의 윈체스터대학교에서 조사한 결과, 2015년에서 2016년 동안 캠퍼스에서 사용되고 버려지는 일회용 컵이 1년에 19만 1,000개가 넘었습니다. 이에 학교 내 카페에서는 텀블러 사용을 권장하고자 텀블러를 가져오면 커피 가격에서 25페니(약 380원)를 '할인'해 주었는데요, 예상보다 별로 효과가 없었어요. 이번에는 반대로 일회용 컵으로 커피를 주문하면 커피 가격보다 25페니를 '더 내는' 벌금제를 시행해 보았지요. 그랬더니 놀랍게도 텀블러를 가져오는 수가 엄청나게 늘었고, 그 결과 일회용 컵 사용량을 3만 4,000개나 줄일 수 있었답니다. 할인되거나 추가 지불하는 비용은 25페니로 같은데 왜 이런 현상이 벌어질까요?

가장 큰 이유는 인간에게 이익과 손실 사이에서 손실에 더 민감하게 반응하는 특성이 있기 때문입니다. 텀블러 사례에서도 나타났듯이 25페니를 할인받는 '이익gain'보다 25페니를 지불하는 '손실loss'이 심리적으로 훨씬 더 크게 느껴진다는 얘기죠. 손실을 줄이고자 텀블러를 가지고 다닐 동기가 생긴 거예요. 이를 '손실 회피 성향loss aversion'이라고 부릅니다.

또 다른 이유는 '25페니 벌금'이라는 것이 하나의 넛지nudge로 작용했기 때문입니다. 넛지란 '팔꿈치로 슬쩍 찌르다'라는 뜻으로, 어떤 선택을 유도하기 위해 부드럽게 개입하는 것을 말해요. 물론 선택은 당사자의 자유로 남겨 두고요. 소비자의 선택을 무의식적으로 유도한다는 측면에서 25페니 벌금은 넛지라고 할 수 있

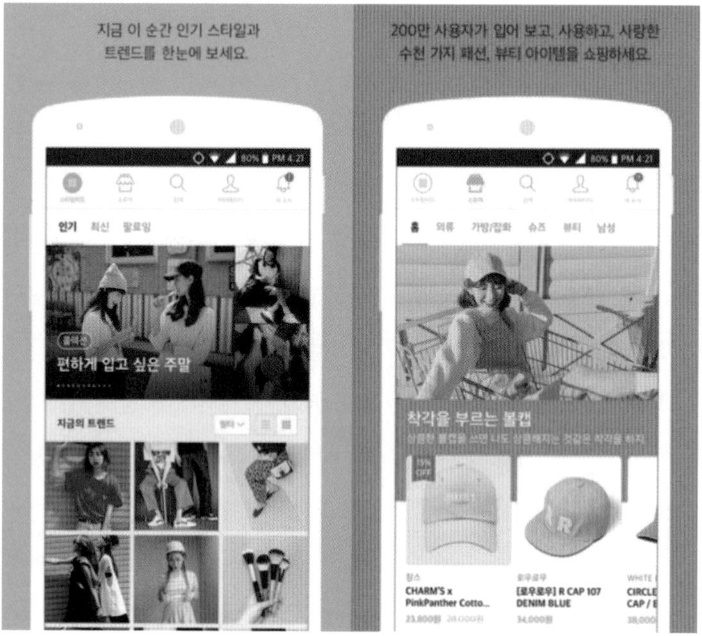

10대 사용자들이 구매하기 쉬운 플랫폼을 구축한 패션업체 '스타일쉐어'도 넛지 효과를 이용한 사례다.

죠. 넛지라는 개념은 미국 시카고대학교의 행동경제학자 리처드 세일러Richard H. Thaler와 하버드대학교 로스쿨의 캐스 선스타인Cass R. Sunstein이 쓴 책《넛지Nudge》를 계기로 많이 알려졌어요. 이 개념은 소비자 심리와 마케팅에도 많이 적용되곤 하죠. 세일러 교수는 넛지 이론으로 2017년에 노벨 경제학상을 받기도 했어요. 텀블러 사례에서 '25페니 할인'보다 '25페니 벌금'이 더 효과 좋은 넛지로 작용했고, 결과적으로 일회용 컵 사용량도 줄이고 환경보호에도 기여할 수 있었습니다.

한국의 사례 중에서는 여러분도 잘 아는 패션업체 스타일쉐어Styleshare가 넛지 개념을 잘 적용했어요. 스타일쉐어는 신용카드를 만들 수 없는 10대 청소년들이 옷을 구경하다가 사고 싶어도 결제 단계에서 구매까지 연결이 안 되는 경우가 많다는 것을 알았어요. 그래서 앱에서 ATM 결제가 가능하게 만들어 신용카드가 없는 10대들도 은행 계좌만 있으면 모바일 앱으로 옷을 구매할 수 있게 했죠. 또 구매할 때 '편의점 결제 방식'을 선택하면 고객의 휴대전화로 바코드가 전송되는 간편한 현금 결제 시스템도 도입했습니다. 이렇게 소비자들의 불편을 재빠르게 파악해 이를 해소하는 방안을 제공함으로써 소비의 마지막 단계까지 이어지도록 하는 노력이 기업 매출의 성패를 가릅니다.

현상 유지 편향과 넛지

여러분, 혹시 뭔가를 구독했다가 더 이상 구독 서비스가 필요 없는데도 귀찮아서 그대로 놔둔 경험이 있나요? 이는 인간의 재미있는 특성 중 하나인 '현상 유지 편향status quo bio'으로 설명할 수 있어요. 합리적인 행동이 무엇인지 알면서도 귀찮음이나 번거로움 등의 이유로 비합리적인 선택과 상황을 그대로 유지하는 것도 현상 유지 편향 때문이에요. 또는 굉장히 고민해서 최대한 합리적인 선택을 하려고 하는데 막상 선택할 때는 현상 유지를 하려는 경향 때문에 비합리적인 선택을 하는 경우도 종종 있지요.

더 이상 읽지 않는 잡지인데도 결제 취소가 귀찮아 구독을 끊지 않고 그냥 놔두는 것, 상품을 반품해야 하는데 귀찮아서 미루다가 결국 반품 기한을 놓쳐 버리는 것도 광범위하게는 현상 유지 편향이라고 볼 수 있어요. 잡지 구독을 신청하거나 상품을 구입할 때 여러 가지 조건들을 비교하며 따져 보고 합리적인 선택을 하려고 굉장히 노력하지만, 결정한 뒤에는 비합리적인 상황임에도 귀찮아서 아무것도 하지 않는 것이지요.

(상대적으로) 비합리적	현상 유지의 핵심	넛지	(상대적으로) 합리적
할인받는 텀블러 대신 일회용 컵 이용	텀블러 가지고 다니는 번거로움 또는 잊어버림	25페니 할인보다 25페니 벌금이라는 정책	텀블러를 가지고 다니며 25페니 벌금을 내지 않음 & 환경보호에도 동참함
디폴트 옵션(default option)에 포함된 '광고 동의'	기본으로 정해진 옵션을 바꾸기(opt out) 귀찮음	광고 동의를 '선택 옵션(opt in)'으로 변경	원할 때만 광고 동의 박스에 체크해 원하는 할인 정보 등을 받음
1주일 안에 반품해야 하는 상품을 가지고 있음	반품하러 가기 귀찮음	아마존은 UPS에서 반품 상품 무료 픽업 서비스 제공	편리한 반품 절차를 이용해 불필요한 상품 처리
10대 청소년들이 모바일 앱에서 구매하려고 해도 신용카드 결제만 허용되는 시스템	시스템 변경의 필요를 감지 못 함. 또는 감지했더라도 변화의 필요성을 못 느낌	신용카드 결제뿐 아니라 ATM과 편의점 결제 시스템을 도입	청소년들도 모바일 앱에서 구매 가능

왼쪽의 표처럼 25페니 할인 대신 25페니 벌금을 부과하거나, 기본 옵션 대신 선택 옵션으로 광고 동의를 제공하거나, 또는 반품 상품을 직접 반품하는 대신 배송업체의 무료 픽업 서비스를 제공하는 등의 작은 변화를 주었을 때 실제로 소비자들의 행동을 바꿀 수 있습니다. 이처럼 소비자들의 결정은 합리적일 수도 있고, 기업이 제공하는 넛지를 통해 무의식적으로 다른 방향의 행동을 취할 수도 있습니다. 여러분도 소비를 결정할 때 조금 더 주의 깊게 생각해 보는 습관을 들이면 좋겠습니다.

생각해 볼 포인트

☑ **소비자들은 왜 새벽에 줄까지 서면서 스타벅스의 '사은품'을 받으려고 할까요?**

☑ **소비자들은 합리적일까요, 비합리적일까요?**

☑ **넛지는 어떤 개념인가요?**

☑ **현상 유지 편향은 좋은 것일까요, 나쁜 것일까요?**

3장

똑똑, 새로운 기술이 배달되었습니다!

기술과 쇼핑 경험

언택트, 우리 삶의 '뉴 노멀'이 되다

코로나 시대, '마스크 쓰기'의 의미

코로나19 팬데믹을 겪으며 여러분도 답답함을 느낀 적이 많을 거예요. 학교에서 공부도 하고 친구들과 수다도 떨고 자유롭게 돌아다니던 일상이 그립겠지요. 코로나19로 2미터의 사회적 거리를 두어야 하고 마스크를 항상 써야 하는 데다 학교와 카페, 식당에는 1인용 칸막이까지 등장했습니다. 불행 중 다행이라면 한국은 마스크 쓰기와 사회적 거리두기, 촘촘한 추적, 빠른 검사 등 성공적인 K-방역으로 전 세계에 이름을 알렸어요. 정부의 지침에 따라 집 밖 공공장소에서는 마스크를 쓰는 것이 일상이 되었고, 심지어 K-갓 버킷 챌린지K-GOD Bucket Challenge[9]라는 운동까지 일어나기도 했습니다.

그런데 미국에서는 뜻밖의 상황이 벌어졌어요. 코로나19가 몇 개월째 계속되자 사람들이 속속 집 밖으로 뛰쳐나오기 시작했고, 마스크 쓰기를 거부하는 사람도 많았어요.

갓에서 영감을 얻어 만든 '거리두기 모자(K-GOD)'를 쓴 모델들이 2020년 6월 강남역에서 캠페인을 벌이고 있다.

생명이 위협받을 수 있는 코로나19 팬데믹에 마스크 쓰기를 거부하다니요. 도대체 이유가 무엇일까요? 단정 짓기는 힘들지만, 미국인들은 마스크를 쓰는 행위를 "내가 아프니 당신들이 조심하시오"라는 표시로 여기기 때문이랍니다. 그런데 팬데믹 상황에서 그 이상의 상징적 의미와 거부감이 생긴 듯해요. CNN에 따르면, 미국인은 마스크 착용 명령을 자유의 박탈로 여기는 심리가 있고, 공포를 인정함과 동시에 자신의 취약성을 드러내는 뜻으로 받아들이는 한편, 인간의 기본권인 자유권과 숨 쉴 권리에 대한 침해로 간주한다고 해요.

반면 한국은 어떤가요? 대중교통을 이용할 때나 편의점 같은 소규모 상점을 이용할 때도 마스크를 쓰는 게 사회적인 원칙으로 자리 잡았지요. 마스크 없이 대중 시설을 이용하려는 사람과 다른 이용객 사이에 마찰이 생기면 언론에서 기사를 보도할 정도로 중요한 문제로 다루고, 경중에 따른 처벌 규정도 생겨났어요. 이렇게 나라마다 다른 양상을 보이지만, 이 시대를 사는 지구인들은 저마다 불과 1년 전에는 상상하지 못했던 세계를 경험하고 있습니다.

전문용어에서 일상용어가 된 '언택트'

코로나19 상황은 마스크 쓰기 같은 새로운 행동 규범 말고도 우리 사회를 반강제로 언택트untact 시대로 매우 빠르게 들어서도록 만들었어요. 사실 이 용어는 얼마 전까지만 해도 리테일 업계 종사자들만 이해하는 단어였는데 코로나19로 이제는 일상용어로 사용하고 있지요. 언택트란 접촉contact(콘택트)이 없다un는 의미로 '비대면非對面'이라는 용어로도 많이 쓰입니다. 언택트의 기본은 디지털이에요. 직접 대면하지 않고서도 서비스를 할 수 있는 시스템이 갖춰져 있어서 가능한 일이니까요.

코로나19 상황이 확장·지속되면서 디지털 기반의 생활, 즉 언택트가 우리 삶의 뉴 노멀new normal(새로운 규범)이 되었습니다. 저는 한국보다 상황이 더 심각한 미국에 있다 보니 언택트 생활의 강도가 높았어요. 노스캐롤라이나주에서는 록다운lockdown(도시 전체에 걸친 행정명령)으로 집 밖의 활동들이 중단되었고, 모든 수업이나 회의는 줌Zoom, 웹엑스Webex를 이용한 온라인 수업이나 화상회의로 바뀌었어요. 쇼핑은 아주 한정된 곳만 허용되어 거의 온라인으로 주문하며 지냈지요. 외부와 접촉할 기회가 너무 없다 보니 시간이 지나면서 사람들은 실제 만남 대신 '랜선 커피 타임(각자 집에서 화상으로 만나 차와 수다를 즐기는 휴식 시간)' 등 새로운 형태의 소통에 적응해야 했어요.

언택트의 가장 큰 장점은 무엇일까요? 이렇게 다양한 방식의 언택트가 우리 삶에 자리 잡을 수 있었던 이유는 바로 편의성convenience입니다. 집에서 나가지 않고도, 또는 매장에 가더라도 직원들과 접촉하지 않고 쇼핑을 끝낼 수 있어서 시간이 단축되고, 접촉이 없다 보니 안전하다는 인식이 강조되었던 거예요. 물론 엄밀히 따져 보면 이전에도 배달 앱이 존재했고, 쿠팡도 있었습니다. 다시 말해 언택트가 코로나19로 처음 주목을 받게 된 것이 아니라, 리테일 산업이 오프라인에서 온라인과 모바일로 이동되고 있던 와중에 코로나19라는 환경적 요인이 생기면서 언택트 라이프스타일이 더욱 빨라지게 된 거죠.

언택트의 최고봉, 보이스 쇼핑과 무인 매장

언택트의 확장을 비즈니스 구도에서 바라보면, 언택트로 이득을

본 비즈니스와 그렇지 못한 비즈니스의 명암이 갈렸다는 것을 알 수 있어요. 한국에서는 쿠팡이, 미국에서는 온라인 1위 업체인 아마존이 배달이 지연될 정도로 주문이 폭증했지요. 줌을 포함한 화상회의 업체들은 물론, 바이러스 감염 가능성 때문에 헬스클럽에 가서 하는 운동을 중단할 수밖에 없게 되면서 미국의 펠로톤Peloton 같은 홈 트레이닝 업체들의 매출이 몇 배나 늘었어요. 펠로톤은 자전거에 달린 스크린으로 실시간 또는 녹화된 동영상을 보면서 홈 트레이닝을 할 수 있는 자전거와 멤버십을 판매합니다. 그런가 하면 전화로 주문하던 음식점 배달도 요즘은 배달의민족 같은 모바일 앱으로 주문하죠. 이것도 언택트 소비의 하나인데요, 배달의민족 같은 배달 앱 업체들도 반사이익(공익 보호를 위해 어떤 규제를 함에 따라 일반인들이 간접적으로 누리게 되는 이익)을 얻었어요. 우리 생활과 소비 전반에 언택트 라이프 스타일이 자리를 잡은 덕분이죠.

쇼핑의 맥락에서 가장 발달된 언택트의 모습은 보이스 쇼핑voice shopping과 무인 매장이라고 볼 수 있어요. 아마존은 한국의 쿠팡처럼 온갖 것들을 다 파는 리테일러이고, 미국 소비자들은 구글이 아니라 아마존에서 검색한다는 말이 있을 정도로 독보적인 1위 업체입니다. 그런 아마존은 인공지능 비서인 '알렉사'를 스마트 스피커에 탑재해 소비자가 뉴스 검색이나 날씨 등의 정보 찾기는 물론 음성만으로도 상품을 주문할 수 있는 시스템을 구축했어요. 예를 들어 아마존의 스마트 스피커 에코Echo를 향해 "알렉사, 우유를 주문해 줘Alexa, order milk"라고 말하면 아마존에 연동해 놓은 내 계좌에서 자동으로 우윳값이 결제돼 주문이 이루어지죠. 이처럼 마우스 클릭이나 스마트폰 태핑tapping을 하지 않아도 음성으로 필요한 상품을 주문할 수 있는 시대가 되었습니다.

아마존은 오프라인에서도 언택트 소비를 위한 무인 매장을 열었는데요, 2018년에 선보인 아마존 고Amazon Go는 매장에 들어설 때부터 '뭔가 좀 다르다'라는 느낌이 들어요. 입구에서 스마트폰으로 '아마존 고' 앱을 열어 지하철 개표구에 교통 카드를 찍듯이 본인을 인증할 수 있는 QR 코드를 스캔하고 들어가거든요. 더 신기한 것은 이곳에는 계산대가 없다는 점이에요. 쇼핑이 끝나면 사람들은 상품을 들고 그냥 나갑니다. 상품의 바코드를 찍은 사람이 아무도 없는데 3~4분 뒤면 스마트폰으로 영수증이 날아오죠. 이런 쇼핑이 어떻게 이루어지냐고요? 바로 매장에 설치된 컴퓨터 비전, 인공지능, 머신 러닝machine learning(인공지능의 연구 분야 중 하나로, 인간의 학습 능력과 같은 기능을 컴퓨터에서 실현하고자 하는 기술 및 기법) 등의 시스템 덕분이죠. 이런 과정을 아마존은 "저스트 워크아웃 기술Just Walkout Technology(그냥 걸어 나가는 기술)"이라고 설명합니다.

게다가 2020년 7월, 아마존은 아마존 대시 카트Dash Cart라는 스마트 쇼핑 카트smart shopping cart를 선보였어요. 겉보기엔 우리가 대형 마트에서 흔히 보는 카트와 비슷하게 생겼고, 손잡이 부분에 조그마한 스크린이 달려 있는 것만 다를 뿐이에요. 이 카트에 인

아마존 고를 방문한 저자

아마존 고 매장(왼쪽)과 소비자들이 매장 입구를 통과하는 모습(오른쪽)

공지능 센서와 컴퓨터 비전 등의 첨단 기술이 탑재되어 있어서 상품을 카트에 담으면 가격을 인지하고 카트에 달린 스크린에 목록이 뜹니다. 정말 신기하지 않나요? 이 모든 것이 언택트 쇼핑의 예라고 할 수 있어요.

2018년 겨울, 한국의 쿠팡처럼 중국의 이커머스 부문 1위인 알리바바Alibaba가 운영하는 슈퍼마켓 허마셴셩盒馬鮮生을 방문하기 위해 중국 상하이를 찾았습니다. 제가 방문했던 지점은 슈퍼마켓과 레스토랑이 혼합된 매장이었어요. 슈퍼마켓에서 랍스터와 새우 등의 해산물을 비롯해 이것저것 장을 보았는데요, 그 과정에서 특이한 점이 세 가지 있었어요.

첫째, 현금이나 신용카드를 받지 않고 알리바바 모바일 결제 앱인 알리페이Alipay로만 결제를 할 수 있어요. 둘째, 구입한 식재료를 허마셴셩 안에 있는 레스토랑에서 먹고 가겠다고 요청할 수 있어요. 조리 방법에 따라 추가로 값을 치르면, 구입한 식재료가 레일을 타고 레스토랑 주방으로 이동합니다. 셋째, 슈퍼마켓에서 터치스크린 방식의 키오스크로 미리 앉을 자리를 정하고 레스토랑으로 가서 정해진 자리에 앉으면 네모나게 생긴 로봇이 조리된 요리 접시를 싣고 탁자 앞으로 찾아옵니다. 사람 대신 로봇이 자리까지 음식을 가져다주는 것이지요.

이런 사례가 외국만의 이야기일까요? 사실 한국에서도 대형 리테일러와 혁신적인 스타트업 중심으로 언택트 쇼핑을 선보이

고객이 다양한 원두를 고를 수 있는 라운지엑스 강남점의 메뉴판(왼쪽). 라운지엑스에서는 로봇 바리스타가 고객이 선택한 원두에 맞게 커피를 내려 준다(오른쪽).

고 있습니다. 예를 들어 신세계 이마트도 앞서 설명한 '아마존 고'처럼 무인으로 운영하는 '이마트24' 매장을 선보이기도 했지요. GS25는 서울에 유·무인 복합 매장을 도입했는데요, 낮에는 사람이 매장을 관리하고, 밤에는 무인으로 운영해서 고객이 직접 인증을 하고 매장에 들어가 상품을 고른 뒤 셀프 체크아웃합니다.

라운지엑스LOUNGE'X나 성수동의 카페.봇Café.Bot 등의 카페에서는 사람이 아닌 로봇이 바리스타처럼 커피를 내려 줍니다. 라운지엑스의 로봇 바리스타는 커피 원두에 따라 맛과 향을 최대치로 끌어낼 수 있도록 '설계'되어 있어요. 만약 휴먼 바리스타와 로봇 바리스타가 실력을 겨룬다면 맛의 일관성은 어느 쪽이 높을까요? 로봇

성수동의 카페.봇에 설치된 칵테일봇(왼쪽)과 디저트봇이 만든 케이크(오른쪽)

바리스타가 더 높다고 볼 수 있죠. 대신 고객과 소통할 수 있는 휴먼 바리스타는 아날로그 감성을 원하는 고객들에게 더 좋은 선택이 될 테고요.

예비 직업인의 관점에서 언택트란?

언택트는 분명 소비의 대세가 되었고, 앞으로도 오랜 시간 소비 양상으로 자리 잡을 것으로 예측할 수 있습니다. 그런데 한번 곰곰 생각해 보세요. 언택트가 소비의 밝은 면만 가져온 것은 아니에요. 먼저, 언택트가 대세가 되면서 아마존, 쿠팡, 마켓컬리 등의 기업들은 매출이 대폭 올랐지만 우리 주위의 수많은 오프라인 매장들은 매출이 감소해 위기 상황을 겪게 되었거든요.

그렇다면 예비 직업인의 관점에서 언택트를 어떻게 바라보는 게 좋을까요? 먼저 언택트 상황에서 고용이 줄어드는 영역이 생긴다는 점뿐 아니라 언택트로 고용이 줄어드는 영역이 단순노동이라는 점에 주목해야 해요. 로봇이 대체하기 쉬운 직업군부터 없어진다는 뜻이죠.

대체 가능성의 측면에서 구분해 보자면 음식점이나 카페의 서빙이나 마트의 계산 직종처럼 단순한 노동은 자동화로 전환되기가 상대적으로 쉽다는 것이 핵심이에요. 한국고용정보원에 따르면 2020년 기준으로 단순 노무는 63.8퍼센트, 관리자는 22.7퍼센트가 인공지능과 로봇으로 이미 대체되었다고 합니다. 이러한 수치를 뒤집어 생각해 보면 논리와 분석+감성이 결합되어 종합적인 사고가 필요한 직업들은 기술이 발전하더라도 쉽게 대체되기 어렵다고 볼 수 있죠. 따라서 예비 직업인의 관점에서는 암기보다 창의력과 사고력을 기르는 데 노력하고, 앞으로의 소비생활이 직업군의 변화에 끼치는 영향에도 관심을 가져야 해요.

또한 데이터 관련 직업들이 유망하다는 전망에도 관심을 기울여야 합니다. 쇼핑 과정에서 반드시 일어날 수밖에 없는 검색, 결제, 배송 등을 모두 고객-비즈니스 간 소통이라고 볼 수 있는데요, 이러한 소통은 각각의 데이터 포인트로 축적이 돼요. 예를 들어 여러분이 쿠팡에서 검색한 상품 목록, 클릭한 횟수, 구매까지 이뤄진 상품, 그 상품에 대한 후기 등 여러분이 의식하지 못한 모든 행동이 기업 입장에서는 중요한 데이터가 되는 것이죠.

그래서 '빅데이터big data'라는 용어도 등장했어요. 여러분도 들어 봤을 텐데요, 빅데이터란 구매 기록처럼 정형화된 기록은 물론이고, 상품 후기처럼 길이나 문맥 등을 파악해야 하는 비정형화된 기록이 엄청나게 많이, 엄청나게 빨리 축적된 데이터를 뜻해요. 빅데이터가 워낙 중요해지면서 이를 분석할 수 있는 데이터 애널리스트data analyst 같은 직업군이 각광을 받게 되었죠. 여기서 한 가지 중요한 점은 데이터를 분석하는 것뿐 아니라 인간의 심리와 행동에 대한 이해를 갖춘 데이터 애널리스트를 기업들이 앞다투어 데려가려고 한다는 거예요. 그만큼 아직 수요 대비 공급이 부족한 상태입니다. 장기적으로도 빅데이터 관련 인재가 많이 양성되겠지만 이와 관련된 직업은 한동안 인기가 계속될 것으로 보여요. 이처럼 여러 측면을 고려해 다양한 관점으로 사물을 바라보고 생각하고 분석하는 능력을 기르는 것이 여러분이 미래를 준비하는 한 방법이 될 수 있습니다.

마지막으로 언택트 리테일만 살아남는다고 생각하면 너무 삭막할 것 같지요? 그렇다면 사람에게는 있지만 인공지능과 언택트에는 없는 것은 무엇인지 생각해 봐요. 바로 감성입니다. 여러분도 코로나19 때문에 집에만 있어야 했던 시간 동안 온라인과 디지털로는 해결되지 않는 친구들과의 수다와 교감 등에 아쉬움을 느낀

적이 있을 거예요. 모든 것이 온라인과 디지털로 해결된다고 해도 인간의 본성으로 볼 때 아날로그 감성의 중요성은 사라지지 않으리라 생각합니다.

그렇다면 오프라인을 기반으로 하는 브랜드들은 어떻게 해야 할까요? 최근의 트렌드를 보면 온라인과 언택트 영역을 강화하는 한편 소비자들이 매장 안에서 느끼는 감각과 경험을 중심으로 하는 공간 마케팅으로 전략을 바꾸고 있어요. 이는 적절한 방향 전환으로 보입니다. 소비가 언택트로 이동하는 동안 오프라인 매장들도 변화를 시도해야 하죠. 디지털에서는 불가능한, 인간의 감성과 소비의 경험을 특색 있게 만드는 매장만이 살아남을 테니 말이에요. 앞으로 여러분이 쇼핑을 할 때 언택트와 오프라인 매장 모두에 관심을 가지고 어떻게 변할지 상상해 보는 것도 미래 트렌드를 예측하는 통찰력을 기르는 방법이 될 수 있습니다.

또한 인공지능과 로봇만 존재하는 시대는 아직은 조금 먼 미래의 일이 될 듯합니다. 최근 한국에서는 인공지능 챗봇 '이루다'를 중심으로 인공지능이 재생산하는 혐오 등의 문제로 인공지능의 한계에 대한 논란도 있었죠. 또한 알고리즘이 너무 복잡해져서 인간이 알고리즘의 오류를 잡아내기도 점차 어려워지면서 알고리즘이 만능일까라는 의문도 제시되고 있어요.

이런 면에서 인공지능과 로봇이 모든 것을 대체하는 세상은 바람직하지도 않고 그렇게 될 가능성도 아직까지는 커 보이지 않습니다. 일자리의 원천을 기술로 본다면 우려가 크지만, 새로운 것을 좇는 인간의 욕구는 참신한 일자리와 가능성을 만들어 낼 수 있다고 생각합니다. 좀 더 실현 가능성이 높은 미래는 인공지능과 로봇이 그들의 강점을 살릴 수 있는 곳에서, 그리고 인간의 창조성이 필요한 부분은 인간이 주도하는, 그런 조화로운 모습일 것으로 보입니다.

생각해 볼 포인트

☑ 언택트란 무엇이며, 어떤 예가 있을까요?

☑ 언택트가 쇼핑을 어떻게 바꾸었나요?

☑ 언택트는 소비자에게 편리하기만 할까요? 언택트가 기업이나 산업 구도, 그리고 직업의 미래에 어떤 영향을 끼칠까요?

☑ 미래의 쇼핑은 어떤 모습으로 진화할까요?

옷과 빵을 구독하는 시대

비디오 렌털 1위 '블록버스터'가 사라진 이유

여러분은 영화를 어디에서, 어떻게 보나요? 영화 하면 넷플릭스Netflix나 왓챠플레이, 메가박스나 CGV 멀티플렉스를 떠올릴 텐데요, 제가 중학생, 고등학생이던 시절에는 서울 종로의 단성사나 피카디리극장에서 영화를 봤어요. 개봉한 지 시간이 좀 오래된 영화들은 비디오 가게에서 비디오를 빌려 보았고요. 지금은 대부분 사라져 추억 속에만 남은 영화관과 비디오 가게죠.

2000년대 초 미국에서도 주로 비디오 대여점에서 비디오를 빌려 보았어요. 미국 전역에 9,000개[10]에 이르는 매장을 운영했던 비디오 대여점 1위 업체 '블록버스터Blockbuster'는 파란색 배경에 오렌지색 브랜드 이름이 어디서도 눈에 잘 띄는 아주 유명한 업체였어요. 저도 유학 생활 중에 종종 블록버스터에서 하나에 3.99달러(약 5,000원)를 주고 비디오를 빌려서 보곤 했었지요.

그런데 2007년 넷플릭스라는 업체가 한 달에 7.99(베이직)~12.99

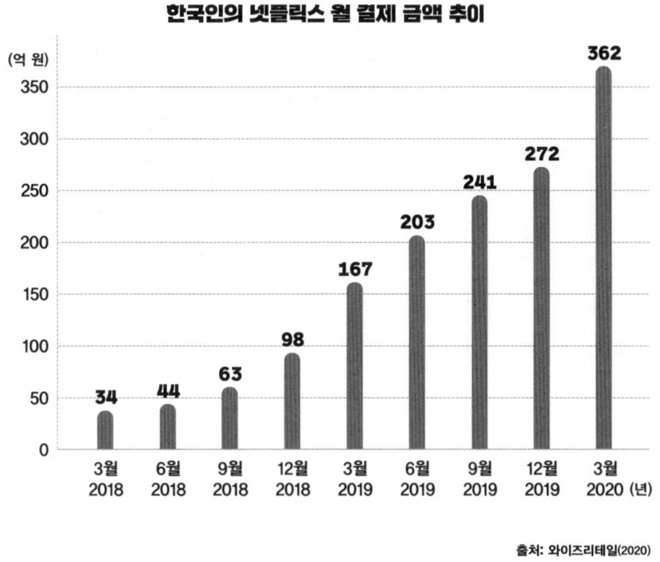

2020년 3월 한국인의 넷플릭스 월 결제 금액은 362억 원으로, 지난 2018년 3월에 34억 원이었던 점을 고려하면 2년 만에 10배 이상 늘었다.

달러(프리미엄)를 내면 동영상 콘텐츠를 무제한으로 볼 수 있는 서비스를 출시했습니다. 초창기엔 온라인 스트리밍이 아니라 온라인으로 영화 DVD를 신청하면 우편으로 DVD를 배송해 주고, 다 본 DVD는 동봉된 봉투에 넣어 우편으로 반납하는 형태였어요. 넷플릭스는 2008년 온라인 스트리밍 서비스를 선보인 이후 폭발적인 인기를 끌면서 마침내 비디오 렌털 업계 1위를 차지했지요. 한편 1985년에 창업한 블록버스터는 매장 수를 점점 줄이더니 결

'구독 모델' 서비스의 경쟁은 갈수록 치열해지고 있다.

국 2010년 사업을 접고 맙니다. 2020년 기준으로 넷플릭스에 가입한 회원 수는 전 세계 1억 8,200만 명으로, 세계에서 가장 큰 엔터테인먼트 기업이 되었습니다.[11]

넷플릭스의 비즈니스 모델을 서브스크립션 서비스subscription service, 우리말로는 '구독 모델(구독 서비스, 구독 경제 모델)'이라고 불러요. 회원 가입을 하고 일정 금액을 지불하면 정기적으로 콘텐츠, 서비스, 상품을 배송받는 형태의 비즈니스를 말하지요. 넷플릭스 이후 훌루Hulu, 디즈니플러스Disney+, 아마존 프라임 멤버십 등이 등장하면서 디지털 콘텐츠 스트리밍 서비스 분야의 경쟁이 치열해졌습니다. 한국에서는 왓챠플레이Watcha Play, 웨이브Wavve 같은 브랜드가 넷플릭스와 경쟁하는 구독 경제 모델이에요.

입맛부터 취향까지, 당신에게 딱 맞게

왜 수많은 사람이 넷플릭스 같은 서비스를 이용할까요? 첫째, 가격 경쟁력이 있습니다. 앞에 언급한 블록버스터 비디오 대여점에서 비디오 두 개를 빌리는 가격이면 한 달 동안 '무제한'으로 이용할 수 있다는 점이 치명적인 매력이죠. 물론 우리가 무제한으로 24시간 내내 비디오만 보거나 하진 않습니다. 하지만 소비자들에게 전달되는 '무제한'이라는 단어는 지불하는 가격 대비 얻는 가치가 엄청나다는 생각이 들게 만들지요. 이는 얻는 효용-가격=가치value가 된다는 개념이에요. 여러분도 그러한 가치를 고려해 선택할 테지요?

한 가지 비밀이 더 있습니다. 넷플릭스에 로그인을 하면 '나만을 위한 콘텐츠'를 추천해 줍니다. 나를 잘 알고, 내가 좋아할 만한 것을 알아서 찾아내 추천을 해 주는, 그야말로 친절한 넷플릭스입니다. 그런데 여기서 잠깐, 넷플릭스는 어떻게 나의 취향을 잘 알까요?

그 대답을 하기에 앞서 구독 경제의 상품과 서비스 영역이 어떻게 빠르게 넓어지고 있으며, 더욱 정교해지고 있는지 살펴볼게요. 미국의 스티치픽스Stitch Fix라는 패션 스타트업은 온라인 퍼스널 스타일링 서비스를 제공합니다. 2011년에 창업한 스티치픽스는 10년이 채 안 되는 기간에 기업 가치가 17억 2,000만 달러(약 1조 9,000억 원) 이상 되는 회사로 급성장했어요. 회원 수도 2020년 6월

의류업체 스티치픽스는 고객이 답변한 데이터에 인공지능을 결합해 고객의 특성과 요구를 세심하게 반영한 맞춤 서비스를 제공한다.

기준 340만 명이 넘습니다.[12] 스티치픽스는 아래와 같은 방식으로 온라인으로 퍼스널 스타일링 서비스를 제공하고 있어요.

스티치픽스에 가입하는 고객은 본인의 신체 사이즈, 키, 몸매, 핏과 길이의 선호도, 좋아하는 스타일과 색깔, 패턴, 브랜드, 옷을 입을 시기와 장소, 특별히 원하는 아이템, 패션 쇼핑에 쓰는 평균 비용 등 다양한 질문에 답해야 합니다. 스티치픽스의 퍼스널 스타일링 서비스가 가능한 이유는 고객의 기호에 맞게 상품을 선정할 수 있기 때문인데요, 그 핵심 기반이 바로 고객이 회원으로 가입할 때 제공한 응답들, 즉 개개인의 특성이 담긴 데이터data입니다. 그 데이터를 토대로 인공지능AI과 MD(머천다이저)들이 고객 한 사람 한 사람이 좋아할 만한 아이템을 선정하지요. 다시 말해, 인공지능을 결합해 고객의 특성과 니즈를 세심하게 반영한 개인화personalization 서비스를 제공하는 거예요.

앞에서 한 "넷플릭스는 어떻게 나의 취향을 잘 알까요?"라는 질문의 실마리를 찾았나요? 네, 넷플릭스도 인공지능이 고객의 데이터를 가지고 알고리즘에 따라 선정한 콘텐츠를 추천해 주는 것이죠. 고객이 한 번 클릭해서 본 것, 반 정도 본 것, 끝까지 본 것, 검색해 본 정보 등이 알고리즘의 기본 정보로 이용됩니다. 넷플릭스의 경우, 머신 러닝이라는 데이터 분석 과정을 통해 최적의 알고리즘을 개발해요. 실제로 인공지능이 추천한 비디오 콘텐츠 중에서 선택하는 고객이 80퍼센트를 넘는다고 하니까 그 정확도가 대단한 셈이죠.[13]

물론 인공지능을 이용하지 않더라도 정해진 구독료를 내고 정기적으로 상품이나 서비스를 이용하는 것은 모두 구독 경제라고 할 수 있어요. 예를 들어 바쁜 현대인의 시간을 절약해 주고 건강까지 고려한 밀키트meal kit 서비스도 성장하는 추세입니다. 직장 다니랴, 아이 키우랴 바쁜 사람들에게 식재료를 사러 마트에 갔다

오는 과정과 비용이 만만치 않죠. 그러다 보니 원하는 식단에 맞게 손질된 식재료와 딱 맞는 양의 양념을 1주일에 두 번 또는 세 번 정기적으로 집에서 배송받아 함께 받은 조리법대로 직접 요리하면 맛있고 근사한 한 끼가 완성되는 밀키트를 선호하게 된 것이지요.

독일에서 시작돼 미국, 캐나다, 서유럽, 호주 등 전 세계에서 운영되고 있는 블루 에이프런Blue Apron과 헬로 프레시Hello Fresh는 지중해식, 비건식, 다이어트식, 저탄수화물식 등 고객이 원하는 식단별 재료들을 집으로 정기 배송해 주는 밀키트 서비스예요. 특히 코로나19 사태를 겪으며 마트에 가기 힘들어진 상황에서 인기가 더 높아졌지요. 한국의 이마트 같은 일반 대형 마트에도 사다가 집에서 끓이기만 하면 한 끼 식사가 완성되는 밀키트 상품이 늘어나고 있는 추세예요.

최근에는 재미를 중심으로 한 구독 경제subscription economy 모델도 나오고 있습니다. 2016년에 창업한 '헌트 어 킬러Hunt A Killer(살인범을 잡아라)'는 한 달에 30달러(약 3만 3,000원)를 내면 상자를 한 개씩 받게 되는데요, 그 상자 안에 든 단서들을 분석해 용의자들을 차례로 검거해 나가는 게임을 할 수 있어요. 한 시리즈가 여섯 개로 구성되어 있어서 상자 여섯 개를 받으면 모든 단서를 얻는 거예요. 그 달의 상자를 받고 다음 달까지 기다리기 힘들어하는 사람들을 위해 한 번에 여섯 개 시리즈를 모두 받아 볼 수 있는 전체 시즌 패

헌트 어 킬러는 '범인 잡기'를 콘셉트로 '재미'를 제공하는 구독 경제 모델이다. 다양한 콘텐츠와 시나리오로 구성되어 집콕 아이템으로 인기를 끌고 있다.

스full season pass도 판매하는데요, 이를 구입하는 소비자도 많다고 해요. 추리를 좋아하는 사람이라면 관심을 가질 만하겠죠.

한국에는 앞서 말한 왓차플레이와 웨이브 같은 동영상 플랫폼 말고도 속옷을 정기적으로 배송해 주는 인더웨어In the Wear라는 속옷 구독 서비스도 있고, 직접 세탁소를 찾아가지 않고 정기적으로 편하게 세탁 서비스를 받는 런드리 고Laundry Go라는 세탁 구독 서비스도 있어요. 심지어 2020년 초에는 신세계백화점이 빵과 커피 정기 구독 서비스를 업계 최초로 선보였어요. 먼저 베이커리 카페

런드리 고는 소비자에게 '빨래 없는 생활', '비대면 세탁' 등으로 어필하는 세탁 구독 서비스다.

두 개 매장에서 서비스를 운영하기 시작했는데요, '메나쥬리'에서는 3만 5,000~5만 원을 내면, 해당 브랜드 매장에서 원하는 제품 한 개를 날마다 가져갈 수 있답니다. 다른 한 곳인 '베키아에누보'에서는 커피 20잔 정액권을 6만 원에 판매해 아메리카노와 카페라테 중 한 가지를 20일 동안 하루에 한 잔씩 마실 수 있고요. 이들 매장의 빵 한 개 가격이 보통 3,300~4,600원, 커피 한 잔 가격이 6,000원이니, 50퍼센트 정도 할인된 가격으로 고급 베이커리를 이용하는 셈이죠. 이러한 서비스 덕에 6개월 만에 구독자 수가 60퍼센트 정도 늘었다고 합니다.[14]

구독 경제에서 콘텐츠의 중요성

앞서 설명한 펠로톤도 한 달에 39달러(약 4만 3,000원)를 내면 각종 운동 트레이닝 동영상 시청과 코칭 클래스 수강을 할 수 있는데요, 2020년 9월에 애플이 구독형 피트니스 코칭 서비스 '애플 피트니스 플러스Apple Fitness+'를 선보이면서 펠로톤과 본격적인 경쟁에 들어갔어요. 애플은 한 달에 9.99달러(약 1만 1,000원) 또는 1년에 79.99달러(약 8만 8,000원)를 내면 일정 기간 동안 세계 최고의 트레이너를 만나 볼 수 있다고 설명합니다. 하고 싶은 운동을 골라 영상을 플레이하면 애플워치는 물론 애플 앱이 연동되어 운동 상태 및 활동이 표시되고, 영상에도 운동 시간과 칼로리 소모량, 심장 박동 수 등이 실시간으로 나타나지요. 또한 애플 뮤직, 애플 TV+, 애플 뉴스+, 애플 피트니스+를 한데 묶은 프리미어 서비스 '애플 원Apple One'을 한 달에 29.95달러(약 3만 3,000원)에 판매하기 시작했습니다.

여러분이 홈 트레이닝을 해야 하는 입장이라면 펠로톤과 애플 중 어느 쪽을 선택할까요? 음악, TV, 뉴스 등 다양한 콘텐츠에 관

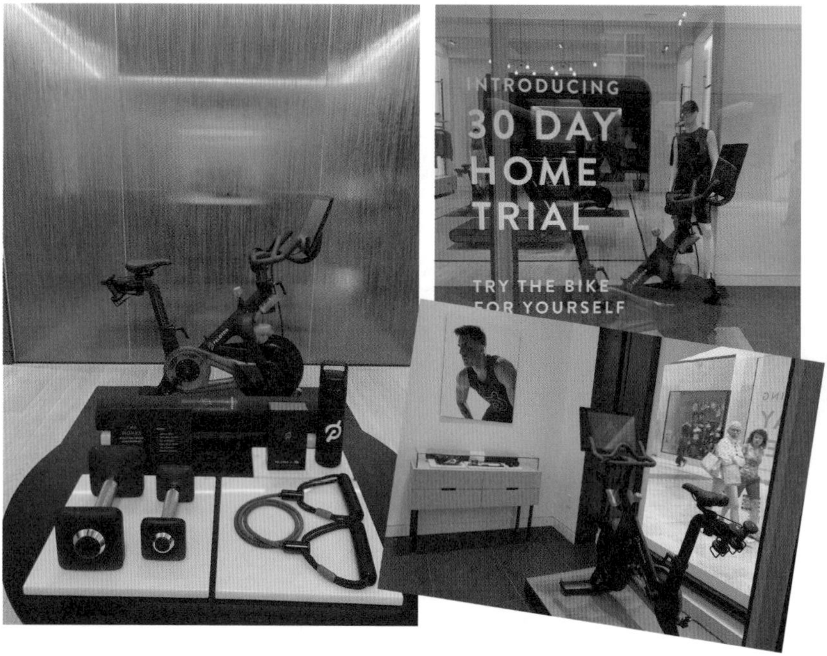

자전거를 타며 실시간 영상으로 트레이너 및 다른 회원들과 소통할 수 있는 펠로톤의 매장 전경

심이 많고 거기에 값을 치를 의향이 있는 소비자라면 다양한 콘텐츠를 한 묶음으로 묶어 저렴하게 이용하게 한 애플 원이 좀 더 매력적일 수 있겠지요. 더구나 애플 기기끼리 서로 연동된다는 점은 애플을 좋아하는 사람들이 으뜸으로 꼽는 장점이기도 합니다. 이용자 입장에서는 이용 단계에서 거쳐야 하는 과정이 줄어들 때 편리하다고 생각하니까요.

애플은 기기를 만드는 제조업체인 동시에 애플 스토어와 다양한 구독 서비스를 제공하는 서비스 업체의 역할을 하는 리테일러입니다. 애플의 전략은 훌륭한 하드웨어 기술력을 바탕으로 소비자의 눈길을 잡아끄는 제품을 만들고, 이와 관련된 서비스들을 보다 정교하고 매력적으로 만들어 하드웨어와 소프트웨어에 유기적인 매출 선순환virtuous cycle을 이루어 내는 거예요. 애플 하면 떠오르는 디자인의 심미성과 창의성, 기술의 편리성은 소비자들의 브랜드 충성도를 높이고 그 브랜드에 소비자들을 묶어 두는, 이른바 록인lock-in을 가능케 하는 중요한 요인이에요. 구독 경제에 있어서 단발성으로 한 가지 상품을 제공하는 것도 좋지만, 콘텐츠의 큐레이션과 사용 기기 등을 고려해 생태계ecosystem를 구축하는 것이야말로 장기적으로 비즈니스를 성공에 이르게 하는 전략이라고 할 수 있습니다.

구독 경제에서 경쟁력을 가지려면 무엇보다 콘텐츠가 중요해요. 왜냐면 소비자들이 너무 똑똑해졌고, 더 편리한 서비스를 원하며, 가격은 저렴하면서도 나를 잘 이해하는 소비를 추구하기 때문이죠. 기업의 입장에서는 더욱 까다로워지는 고객들의 성향을 직접 물어보고, 인공지능 같은 첨단 기술과 인간의 직관력 등을 이용해 한층 개인에게 맞춘 상품과 서비스를 제공해야 합니다. 구독 서비스를 이용할수록 고객의 데이터가 더 늘어나기 때문에 이러한 서비스가 가능한 것이죠.

예를 들어 어떤 소비자가 넷플릭스에서 다큐멘터리 시리즈를 주로 보지만 종종 추리물을 보는 기록들이 축적되면, 그 고객의 성향을 더욱 정확하게 진단할 수 있고, 그가 좋아할 만한 콘텐츠를 더 정확하게 찾아내 추천할 수 있어요. 그럼 그 고객의 서비스 만족도는 더 높아질 테고, 다른 서비스를 찾아 이동할 가능성이 줄어듭니다. 이 말은 곧 구독 경제에서는 데이터가 중요하며, 정확한 데이터를 차곡차곡 모아 인공지능과 머신 러닝 등의 첨단 기술을 잘 적용하면 시장에서 경쟁력을 키울 수 있다는 뜻이에요.

그런데 한편으로는 소비자 입장에서 너무 많은 사생활 정보가 기업으로 넘어가는 상황으로 보이기도 합니다. 얼마 전에는 아마존의 알렉사가 스마트 스피커에서, 또 스마트폰에서 사람들의 대화를 엿듣고 그런 대화의 맥락까지 분석해 고객의 취향을 알아낸다는 기사도 났을 정도로, 디지털 사생활 침해에 관련한 문제들도 생겨나고 있지요.

2020년 12월, 한국에서도 스무 살 여성 대학생 콘셉트의 인공지능 챗봇 '이루다' 서비스가 첫선을 보인 지 2주 만에 사용자 75만 명이 이루다와 대화를 시도했을 정도로 화제를 불러일으켰는데요, 이 과정에서 카카오톡 대화 데이터를 이용한 사실이 알려지면서 개인 정보 유출에 대한 논란도 일었습니다.

또한 2021년 미국의 새 대통령이 된 조 바이든도 앞에서 언급한 펠로톤 애용자라고 하는데요. 바이든 대통령이 백악관에 입성

할 때 백악관 측에서 보안을 우려해 펠로톤 실내 자전거를 가져오지 못하게 했다고 해요. 사용자들끼리 소통 가능한 카메라와 마이크가 내장된 터치스크린이 해킹되면 중요한 대화나 장면이 노출될 수 있다고 본 것이죠. 소비자 입장에서 여러분도 데이터 공유에 관한 동의 여부에 신중하게 답해야 해요. 또 디지털 사생활 침해에도 관심을 가져야 합니다.

구독 서비스의 성장은 우리 사회에서 소비에 대한 시각이 변화하고 있음을 보여 줍니다. 소비의 관점이 '구매'와 '소유'에서 '구독'과 '경험'으로 옮겨 가고 있죠. 소비의 전통적인 개념은 구입하는 만큼 비용을 지불하는 소유 중심이었는데요, 지금은 경험을 중심으로 사용하는 만큼 대가를 지불하는 형태로 변화하고 있습니다. 다시 말해, 소유하는 기간보다 경험을 누릴 수 있는 기간을 중심으로 가격이 매겨지고, 소비자는 자신이 원하는 기간만큼 제품이나 서비스의 사용 권한을 누린다는 거예요.

어느새 영화관보다 집에서 무제한으로 동영상을 볼 수 있는 동영상 플랫폼을 선호하게 되었고, 밀키트와 패션 아이템, 생활용품, 더 나아가 추리물 같은 취미 생활도 구독 서비스를 통해 즐기는 게 경제적이고 편리하다는 인식이 더 강해지고 있어요. 다시 말해, 소비재를 바라보는 시각이 좀 더 유연해지고 가벼워졌다고 볼 수 있습니다. 이런 추세가 지속된다면 우리 생활 전반이 구독 경제로 이뤄질 날이 올 수도 있겠지요.

생각해 볼 포인트

- ☑ 서브스크립션(구독) 서비스에는 어떤 형태들이 있을까요?
- ☑ 구독 경제가 성장하게 된 배경은 무엇일까요?
- ☑ 구독 경제가 시사하는 점들은 무엇일까요?

4장

치열한 플랫폼 전쟁, "여기 여기 붙어라!"

플랫폼과 트렌드

10대들의 패션 놀이터

내 동년배들 요즘 다 OO한다

'러블리마켓'이라는 온라인 쇼핑몰이 있습니다. 러블리마켓 공동 창업자 최재원 대표는 18세가 되던 2014년에 혼자 공부해서 러블리마켓을 설립했다고 해요. 고객과 직접 소통하고 싶다는 생각에 오프라인 장터인 러블리마켓도 함께 운영하고 있습니다. 러블리마켓이 열리면 방문객 수가 무려 3만 명 이상 된다고 하니 그 인기가 굉장하지요. '러블리마켓을 덕질한다'라는 뜻의 '러덕' 숫자도 엄청나고요. 최 대표는 러블리마켓을 설립하기 전인 2011년, 15세 때 이미 온라인 쇼핑몰 '가온해'를 만들었던 경험이 있어요. 중학생 신분으로 온라인 쇼핑몰을 설립해 운영했다니, 용기가 대단하고 더구나 어려움도 많았을 텐데 성공한 모습에 더 응원하고 싶습니다.

여러분에게 익숙한 또 다른 패션몰 중 스타일쉐어가 있을 텐데요, 2020년 1월 〈한국경제〉 보도에 따르면 10대 여학생의 80퍼센

출처: 스타일쉐어

스타일쉐어는 상품 대신 또래들의 패션 정보를 SNS 피드 형식으로 내세우고 '편의점 간편 결제 시스템'을 도입했다. 또 동영상에 익숙한 세대 특성을 겨냥해 '스쉐라이브'로 상품을 소개하는 등, Z세대와 소통하기 위한 노력을 이어 가고 있다.

트가 스타일쉐어에 가입한 것으로 알려져 있다고 합니다. '스쉐러'라는 표현이 나올 만큼 인기가 많은 패션 플랫폼 스타일쉐어는 2010년 당시 대학생이던 윤자영 대표가 창업해 9년 만인 2019년에는 매출 1,000억 원을 달성했어요. 2018년 윤 대표가 인수한 온라인 패션 쇼핑몰 29CM의 매출 역시 계속 증가하고 있습니다.

이렇게 성장할 수 있었던 스타일쉐어의 독특한 점은 무엇보다도 이용자들이 자신이 입을 옷을 직접 찍어 SNS 피드 형식으로 스타일쉐어에 올리고 나이대가 비슷한 또래들과 코디나 패션 정보를 공유하도록 한 거예요. 물론 관련 브랜드 제품을 구입할 수도 있고요.

또한 2장에서 설명했듯이, 신용카드 대신 현금으로 결제할 수 있는 편의점 간편 결제 시스템을 도입한 것도 10대 청소년들의 구매를 쉽게 만들었어요. 이 밖에도 동영상에 익숙한 Z세대를 겨냥해 '스쉐라이브'라고 하는 생방송 라이브 커머스도 도입했습니다.

러블리마켓과 스타일쉐어의 부상에 공통점이 있다면 무엇일까요? 이들은 패션 쇼핑몰을 또래 친구들과 패션이라는 공통 관심사를 가지고 수다 떨며 놀 수 있는 공간으로 만들었어요. 다른 패션 쇼핑몰에서는 볼 수 없던 양상인데요, 심지어 러덕이나 스쉐러는 카톡 단톡방이나 페북 그룹방을 만들어서 이야기를 나누는 등 친구처럼 교류하고, 힙한 아이템들을 공유하기도 합니다. 이는 쇼핑 자체를 놀이로 생각하는 Z세대의 인식을 잘 나타내 줍니다. 이를 위해 해시태그 검색 기능과 스타일별 별도 페이지 소개 등의 방식으로 검색을 쉽게 할 수 있게 했지요.

이거 사, 말아? 대답해 줘

이러한 특성은 사실 Z세대의 성향을 정확히 겨냥한 것으로 볼 수 있어요. 나이가 어린 소비자들은 실용적인 패션 정보에 목마름이 있습니다. 하지만 온라인에는 정보가 지나치게 많죠. 게다가 또래의 의견이 중요한 청소년 시기이다 보니 더욱더 다른 친구들은 어

오프라인에서 열리는 러블리마켓에 참여하려고 용돈을 모아 부산, 대구, 대전에서 서울로 오는 10대들도 있다.

Z세대가 직접 헬퍼와 판매자로 나서기도 한다.

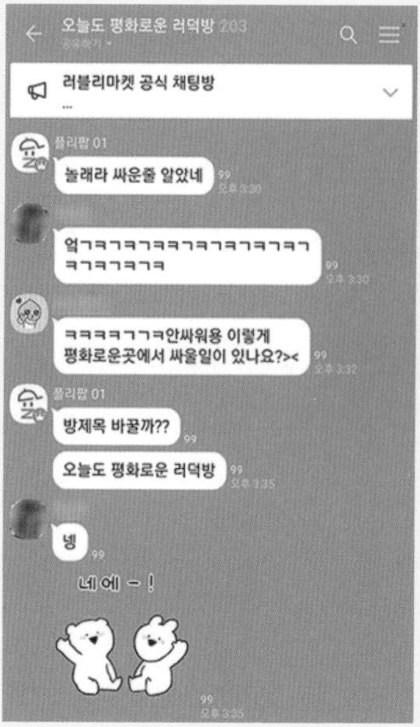

스태프와 '러덕'들이 오픈 채팅방에 모여 일상을 나눈다.

Z세대 러덕들이 모델로 참여한 화보

떤 브랜드의 옷을 어떻게 입는지 궁금한데 그렇다고 무턱대고 물어보기도 힘듭니다. 러블리마켓과 스타일쉐어는 그런 아쉬움(다른 말로는 '채워지지 않은 소비자의 니즈')을 온라인에서 서로 자유롭게 물어볼 수 있게 하고, 정보 공유성 댓글로 답변을 남기게 한 까닭에 성공할 수 있었던 것으로 보여요.

여러분 같은 Z세대는 리테일 시장에서 이미 중요한 소비자 그룹입니다. 그리고 미래에는 더욱 중요한 소비자 그룹이 될 거예요. 여러분을 이해하는 것이 모든 기업들에 숙명적인 의미가 있는 이유죠. 물론 기성세대의 눈으로 보기에는 10대의 쇼핑 문화가 낯선 점도 많습니다. 저는 제 모습을 공유하기에는 뭔가 부끄럽기도 하고 소심해지는 반면에, 여러분 세대는 공유를 통해 더 많은 피드백을 얻는 데 주저함이 없지요. 세대 차이, 개인적인 성향 차이일 수도 있지만, 어찌 됐든 여러분도 주변 친구들이나 새로운 트렌드에 관심을 가지고 꾸준히 새로운 아이디어들을 시도해 보면 좋겠어요. 어쩌면 미래의 쇼핑몰 CEO가 될 수 있는 첫걸음일지도 모르니까요.

생각해 볼 포인트

- ☑ 왜 트렌드를 이해하는 것이 중요할까요?
- ☑ 스타일쉐어가 패션 플랫폼으로 성공할 수 있었던 이유는 무엇인가요?
- ☑ 여러분이 좋아하는 패션 사이트가 있다면 무엇이고, 좋아하는 이유는 무엇인가요?
- ☑ 여러분이 느끼는 Z세대의 특징은 무엇인가요?

리테일 테크, 쇼핑을 바꾸다

'립스틱 오빠'의 탄생

앞에서 다룬 러블리마켓이나 스타일쉐어는 모두 '디지털'을 기반으로 하는 쇼핑 플랫폼입니다. 플랫폼에 대해서는 뒤에서 자세히 다루기로 하고, 먼저 온라인, 오프라인 등을 살펴볼게요. 1장에서 간단히 언급한 것처럼 인터넷과 스마트폰이 세상에 나오기 전까지 쇼핑이라는 것은 직접 매장에 가서 상품을 보고 구매하는 행동을 의미했습니다. 인터넷으로 상업적 이메일을 보내는 것이 가능해진 1989년과 애플의 스티브 잡스가 스마트폰을 선보인 2007년은 사람들의 라이프 스타일이 급격하게 바뀌는 계기가 된 해입니다. 현재는 컴퓨터로 쇼핑을 하는 것은 물론이고, 스마트폰을 바탕으로 우리 삶의 모든 것이 모바일 중심으로 이뤄진다고 해도 과언이 아니지요.

더구나 얼마 전까지만 해도 MZ세대 중심이었던 모바일 쇼핑의 세계에 코로나19라는 환경적 변수가 작용해 '5060 엄지족'도 등장

'립스틱 오빠'로 불리는 중국의 왕홍 리자치(왼쪽). 알리바바 창업주 마윈과 리자치가 생방송을 진행하는 모습(오른쪽)

했습니다. 또 록다운이 강화되고 대면 접촉이 줄어들면서 브랜드와 소비자 사이의 소통을 위한 라이브 커머스live commerce로의 이동 역시 빨라졌어요. 라이브 커머스는 모바일 기기로 개개인이 실시간으로 상품 판매자나 다른 소비자들과 직접 소통하며 상품을 구매할 수 있다는 점에서 기존의 홈쇼핑과는 다릅니다.

앞서 설명했듯이 라이브 커머스는 중국에서는 이미 대세가 되었어요. 인터넷 인플루언서 왕홍들이 실시간으로 상품을 판매하는데 그 규모가 엄청납니다. 예를 들어 '립스틱 오빠'라고 불리는 왕홍 리자치는 무려 8,000만 명의 팔로어를 거느린 인플루언서로, 화장품 리뷰로 1년에 약 274억 원(2019년 기준)[15]을 벌어들인다고 해요. 중국 인구가 14억 명이 넘다 보니 거리의 제약을 받지 않는 모바일의 세계에서 가능한 일이지요.

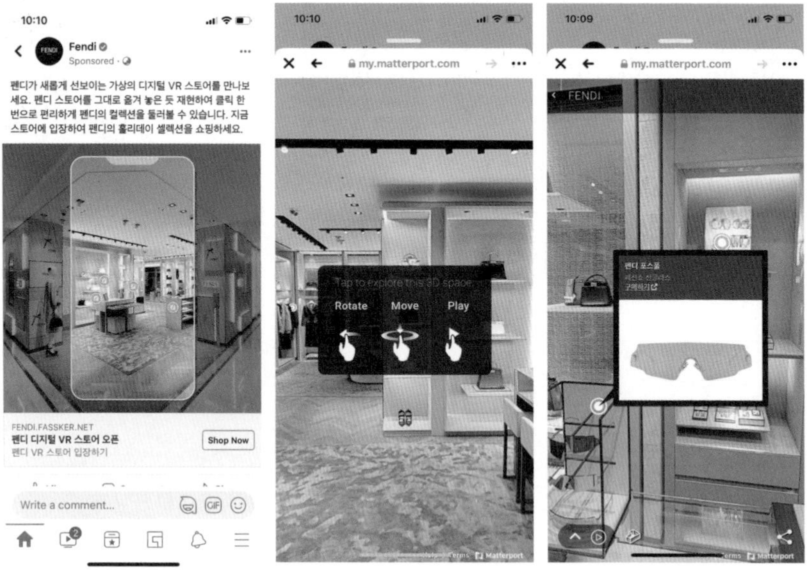

펜디의 VR 매장에서 쇼핑하는 모습

이처럼 소비가 온라인과 모바일로 이동하는 동력은 무엇일까요? 바로 첨단 기술을 리테일 영역에 접목한 리테일 테크retail tech입니다. 온라인, 스마트폰, 그리고 인공지능과 머신 러닝, AR(증강현실)과 VR(가상현실)에 블록체인blockchain까지, 최첨단 기술이 도입되었기에 오늘날과 같은 쇼핑이 가능해진 거예요.

첨단 기술이 어떻게 쇼핑을 바꾸었는지 몇 가지 사례를 들어 알아보겠습니다. 젊은이들에게 인기 있는 패션 앱 고트GOAT뿐 아니라 나이키 앱은 증강현실을 이용해 스마트폰으로 신발이 발에 잘 맞는지 테스트할 수 있는 기능을 제공합니다. 직접 매장에 가서 신어 보지 않더라도 모바일 앱에서 상품을 선택한 다음 스마트폰 카메라로 발을 비추면 신발이 신겨진 모습이 보이면서 마치 실제로 신어 보는 것처럼 생생한 느낌을 받을 수 있죠. 이런 경험들은 모바일 쇼핑에서 구매를 결정하는 데 도움이 되는 정보입니다.

그런가 하면 펜디FENDI 같은 브랜드들은 VR 쇼핑을 테스트하고 있습니다. 스마트폰을 이용해 가상으로 매장을 방문해 관심 있는 상품의 모습과 관련 정보를 볼 수 있고, 원하면 모바일로 바로 구매도 할 수 있는 시스템이죠. 디올DIOR 같은 브랜드는 이미 2015년에 자체 VR 헤드셋을 개발하기도 했고요. 애플도 2022년에 AR·VR 헤드셋을 선보일 계획이라고 발표했습니다. 정말 머지않은 미래에 AR이나 VR로 쇼핑을 하는 시대가 열릴 것 같네요.

생각해 볼 포인트

☑ **리테일 테크의 종류에는 어떤 것들이 있나요?**

☑ **리테일 테크의 발전으로 쇼핑의 모습이 어떻게 바뀌었나요?**

플랫폼의 변화

플랫폼과 공유 경제

앞에서 말한 온라인으로의 이동에 아주 중요한 요소가 있습니다. 바로 '플랫폼platform'이에요. 플랫폼은 '중간 매개체'를 뜻합니다. 우리 생활에서 예를 들자면 지하철 플랫폼은 사람들이 오가며 교통수단을 이용할 수 있게 도와주지요. 비즈니스의 관점에서 보면 서비스 제공자와 서비스 사용자를 연결해 두 개체 사이에 가치 교환이 일어나는 매개체가 되는 거예요. 판매자seller들이 입점하고 소비자들이 상품을 사는 아마존이나 쿠팡, 운송 서비스가 필요한 승객과 회사에 고용된 차량 운전 기사를 연결하는 우버Uber, 자기 집의 여유 공간을 빌려주고 싶은 사람과 호텔 대신 가정집에서 지내고 싶은 사람을 연결하는 에어비앤비Airbnb, 배달 서비스를 원하는 소비자와 업체들을 연결해 주는 배달의민족 같은 곳이 플랫폼 업체입니다.

미국 1위 온라인 리테일러인 아마존은 무려 250만 셀러[16]들이 상품을 판매합니다. 3억 3,000만 명에 이르는 미국 인구 중 아마존 프라임 멤버십(2020년 기준 연 가입비 119달러를 내면 2일 내 무료 배송, 무료 디지털 콘텐츠 등의 혜택을 받을 수 있는 유료 멤버십)에 가입한 숫자도 1억 1,200만 명에 이릅니다. 1994년 창업할 당시에는 책을 파는 온라인 리테일러로 시작한 아마존이지만 요즘은 그야말로 모든 것을 다 팔게 되었고, 아마존의 인기가 높아지면서 상품 검색 자체를 아마존에서 한다는 말이 나올 정도가 되었지요.

"한국의 아마존이 되겠다"라는 기치를 내세운 쿠팡 역시 자잘한 소품에서 컴퓨터, 신선 식품까지 판매하면서 우리 생활에 필요한 온갖 것을 다 팔고 있어요. 상품을 판매하는 셀러들은 쿠팡이라는 매개 공간에 상품을 전시하고, 쿠팡을 방문하는 소비자들이 상품을 구매하기를 기다리지요. 아마존이나 쿠팡의 수익은 크게 1) 상품 판매가 이루어졌을 때 생기는 일정 부분의 수익, 2) 셀러들이 내는 광고비, 3) 물류센터와 배송 서비스 등을 제공하는 데에서 나오는 비즈니스 수익으로 나눌 수 있어요.

최근 들어 눈에 띄는 트렌드는 SNS에서 상품 거래가 이루어지면서 플랫폼화된 소셜 커머스예요. 예를 들어 '국민 메신저' 카카오톡을 생각해 봅시다. 2010년 카카오톡이 등장하기 전에는 한 건당 20~30원을 내는 유료 문자메시지 서비스를 이용했어요. 그런데 카카오톡이 '공짜'로 문자를 주고받을 수 있는 파격적인 서비스를 선보인 것입니다. 공짜 문자로 소통을 할 수 있게 되면서 많은 이들이 카카오톡을 이용하기 시작했고, 나중에는 다들 카카오톡을 이용하니까 나도 이용할 수밖에 없는 상황이 되었습니다. 이후 사진과 파일을 주고받을 수 있는 기능이 더해졌고, 커피나 케이크를 선물하고, 심지어 축의금을 전달하는 '송금' 기능까지 도입된 데다 채팅창에서 해시태그 검색도 할 수 있게 되었죠. 가장 최근에는 명품도 선물로 주고받을 수 있게 되었고요. 메시지를 주고받는 기능으로 시작한 카카오톡이 플랫폼으로 바뀌고, 서비스 영역을 넓히면서 우리 생활에 필요한 플랫폼으로 자리 잡아 가고 있는 거예요. 2019년 기준 메신저 점유율 95퍼센트로 압도적인 1위 자리를 지키고 있는 카카오톡의 명성은 오래 지속될 것으로 보입니다.

물론 카카오의 입장에서는 앞으로 어떤 방향으로 사업을 확장할 것인가에 대한 고민이 있을 것입니다. 특히 젊은 사용자들이 유튜브 같은 소셜 미디어를 더 선호하는 데다 유튜브 역시 상품 구매 기능까지 더하면서 변화를 예고한 상황이라 고민이 더욱 깊었을 거예요. 이에 카카오는 더욱 다양한 방향과 금융업 중심으로 사업을 성장시키겠다는 포부 아래 카카오뱅크를 출범했고, 증권과 보험 등의 영역에도 본격적으로 진출하겠다고 발표했습니다.

플랫폼의 성장은 공유 경제sharing economy와 그 궤를 같이하는데요, 에어비앤비는 자기 집의 여유 공간을 방문객에게 제공하고 대가를 받는 공유 경제 서비스이고, 우버 엑스는 다른 사람에게 차

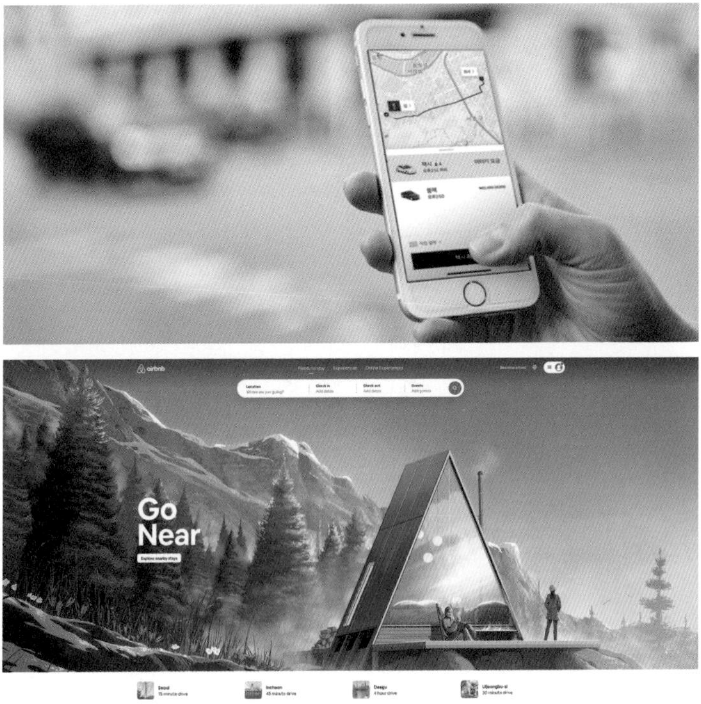

차량 공유 서비스 우버(위)와 공간 공유 서비스 에어비앤비(아래)는 플랫폼 비즈니스의 대표적인 사례다.

량 운행 서비스를 제공하고 대가를 받는, 즉 자동차 공간을 거래하는 공유 경제 서비스입니다. 남는 자산을 '공유sharing'한다는 의미에서 붙여진 이름이라고 볼 수 있지요.

이러한 공유 경제 서비스는 2010년대 초에 시작되어 단기간에 엄청난 인기를 얻었습니다. 물론 택시와 호텔, 민박 같은 서비스들이 이미 존재하지만, 택시를 운전하려면 택시 자격증을 따야 하고, 호텔과 민박은 당연히 숙박업으로 등록을 하고 각종 규제에 맞게 운영해야 하는 비즈니스예요. 그런데 차를 운행하지 않고 그냥 세워 두는 시간이 많거나 남는 방이 있는 경우 일반인들도 필요한 사람들에게 차나 집을 제공하고 그 대가를 받는다는 아이디어가 말 그대로 '신박'했던 것이죠.

하지만 플랫폼 기반의 공유 경제 비즈니스에는 선결 과제가 있어요. 바로 '신뢰'입니다. 타인에 대한 신뢰, 서비스 제공자와 서비스 이용자 사이의 신뢰가 없다면 어떻게 타인의 차량이나 주거 공간을 빌리고 빌려줄 수 있을까요? 그래서 우버나 에어비앤비 같은 서비스는 제공자와 이용자의 사진과 필수 정보를 공개하고, 제공자와 이용자가 서로 상대편을 평가하도록 만들었어요. 한 사람 한 사람 서비스를 이용하는 사람들이 늘어날수록 그들이 남기는 평가도 점점 '데이터'로 쌓이면서 하나의 신뢰 지표가 되어 사람들이 서로 믿고 이용할 수 있는 환경을 구축한 것입니다.

플랫폼 환경에서 생겨난 중요한 변화도 있는데요, 점차 어떤 사물을 소유하는 것보다 필요할 때만 이용해도 별로 불편함이 없음을 깨달으면서 '소유보다 공유'의 라이프 스타일을 유지하려는 사람들이 늘어났다는 점이에요. 쉽게 말해, 차를 사고 유지하는 데 비용과 시간을 들이기보다 필요할 때마다 우버 등을 이용해 편리함을 누린다는 관점으로 바뀐 거죠. 마찬가지로 에어비앤비를 이용하면 새로운 지역을 방문해 지역 주민들에게 동네와 관련된 정보를 얻을 수도 있고, 로컬local의 감성을 더 직접적으로 경험할 수도 있어 호텔보다 선호하는 사람이 많아졌어요. 그래서 기존의 호텔들보다 에어비앤비의 기업 가치와 매출이 더 높아지는 새로운 시대를 맞이하게 된 것입니다.

사실 팬데믹으로 사람들 간의 신뢰를 바탕으로 하는 공유 경제 비즈니스가 위기를 맞기도 했어요. 타인이 나에게 바이러스를 옮길 수 있다는 두려움 때문인데요, 다행히 2020년을 지나오면서 마스크 착용 및 위생 습관이 자리를 잡으면서 위기감이 회복되는 추세랍니다.

에어비앤비는 2020년 12월에 IPO initial public offering(기업 공개: 기업이 법정 절차와 방법에 따라 그 주식을 일반 대중에게 분산하고 전반적인 경영 내용을 공개하는 일)를 진행할 정도로 미래에 대한 가능성을 높이 평가받고 있어요. 더불어 재택근무가 많아지면서 오히려 위워크WeWork나 한국의 패스트파이브FASTFIVE 같은 공유 오피스에 대한 관심과 수요가 늘어났습니다. 일을 꼭 회사라는 공간에서 하지 않아도 된다는 새로운 관점이 자리 잡고 있는 것이죠.

최근 주목할 만한 새로운 트렌드로는 일반인들 사이에서도 공간 공유 플랫폼 서비스를 이용해 프라이빗 파티, 쿠킹 클래스, 힙합 댄스 모임 등 자신들의 취미와 경험을 같이 나누고자 하는 수요가 늘어난 점을 꼽을 수 있어요. 하나의 공간이 다양한 목적에 따라 필요할 때마다 프라이빗 공간으로 변신하는 거예요. 공간에 부여되는 새로운 가치, 신선한 활력을 느낄 수 있는 대목이지요.

플랫폼의 핵심, 네트워크 효과

플랫폼 비즈니스에서 가장 중요한 요소 중 하나는 얼마나 많은 판매자와 얼마나 많은 구매자가 있느냐 하는 것이에요. 서비스 제공자와 이용자가 만나서 생겨나는 네트워크 효과network effect 때문인데요, 이를테면 셀러 한 명과 소비자 한 명이 있을 때에는 일대일 쌍방향(두 개의 이동 방향)만이 가능합니다. 그런데 셀러와 소비자가 각각 10명씩 있을 때에는 상호 거래의 가능성이 $10 \times 10 = 10^2 = 100$가지 경우의 수만큼 커지지요. 그래서 어떤 플랫폼이 성공하려면 판매자의 수와 방문자의 수를 둘 다 늘리는 것이 중요합니다.

아마존은 방문객들에게 많은 혜택을 줌으로써 재방문율을 높였어요. 여기에는 상품의 다양성뿐 아니라 빠른 배송과 부수적인 콘텐츠들이 포함됩니다. 앞서 이야기했듯이 1년에 119달러를 내면 2일 내 무료 배송에 무료 반품, 아마존 프라임 비디오나 프라임 뮤직 등을 이용할 수 있는 다양한 혜택을 주는 것이지요.

한국에서는 당일 배송, 새벽 배송 등 엄청나게 빠른 배송 속도에 익숙해서 '2일 배송이 뭐가 대단하지?'라고 생각할 수도 있어요. 그런데 미국 땅의 크기가 한국의 98배나 되다 보니 2일 배송을 제공한다는 것은 엄청난 매력입니다. 어찌 되었든 아마존의 상품 구색, 빠른 배송, 디지털 콘텐츠 등의 편리한 서비스 덕분에 2019년 기준 매출은 2,800억 달러(약 308조 원),[17] 순이익은 115억 9,000만 달러(약 13조 원)가 넘습니다. 미국 인구 3억 3,000만 명 중 한 달 방문자 수는 2억 1,200만 명이 넘고, 아마존 고객 중 프라임 멤버십 가입자가 차지하는 비율은 65퍼센트를 넘습니다. 전 세계에 아마존 프라임 멤버십 가입자가 1억 5,000만 명을 넘는 거예요. 정말 대단한 기업이지요?

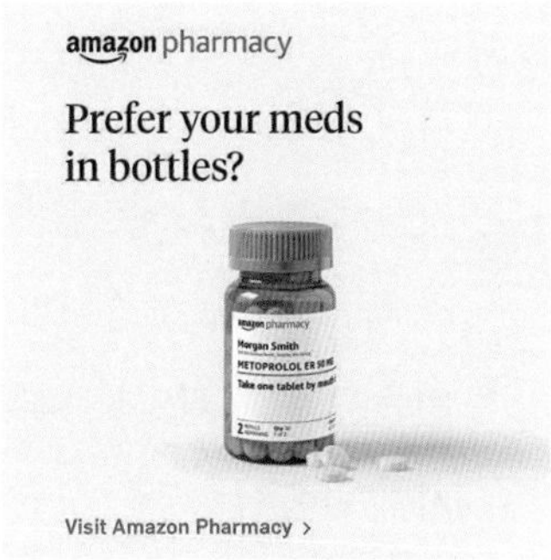

약국 딜리버리 서비스 아마존 파머시

아마존이 어떤 산업에 진출하면 그 산업의 기존 주자들이 엄청나게 피해를 볼 것이라고 예상하며, 그런 효과를 '아마존 효과Amazon Effect'라고 부르기도 해요. 예를 들어 아마존이 2018년에 온라인 약국 딜리버리 서비스 업체인 필팩Pilpack을 인수해 2020년 11월에 드디어 자체 서비스로 선보였는데요, 이 '아마존 파머시Amazon Pharmacy(약국)'는 프라임 멤버십 고객 대상으로 처방 약과 일반 약을 보다 편리하게, 보다 저렴하게 판매하는 것이 목표입니다.

아마존은 이미 온라인 리테일뿐 아니라 오프라인 매장을 열기도 했고, 홀푸드Whole Foods 슈퍼마켓을 인수하는 등 전통적인 리테일 영역으로도 확장하고 있었는데 이번에 헬스케어 서비스 영역까지 진출한 것입니다. 게다가 2020년 12월에는 아마존이 인수한 자율 주행차 스타트업 죽스Zoox의 이름을 딴 자율 주행 택시 서비스 죽스를 선보였습니다. 이렇게 비즈니스 영역을 확장할 수 있는 이유는 미래 산업과 미래 먹거리를 개발한다는 중요성도 있지만, 가장 근본적으로는 그만큼 수요가 있고, 사용자 기반을 갖추었기 때문입니다.

카카오톡도 핵심은 네트워크입니다. 공짜 문자메시지의 매력에 엄청나게 많은 사용자가 카카오톡으로 유입되었고, 그러다 보니 타인과 소통하기 위해 나도 카카오톡을 이용할 수밖에 없게 되고, 이런 식으로 더 큰 네트워크가 형성되면서 이모티콘, 게임, 쇼핑, 검색, 광고, 결제 등의 다양한 비즈니스가 카카오톡이라는 생태계에 들어와 그야말로 종합 플랫폼이 된 것이죠.

핵심 메시지는 바로 이것입니다. 앞으로는 더 많은 비즈니스가 '플랫폼화'될 것이고, 그 속에서 더 빨리, 더 많이, 더 오래 네트워크 효과를 창출하는 서비스 업체가 승자가 될 것이라는 점이에요. 여러분도 주위에 어떤 플랫폼 서비스가 있는지, 실제로 이용하는 서비스 중에서 어떤 서비스는 사용자가 많고 어떤 서비스는 사용자가 적은지, 또 그 이유는 무엇인지, 잘되는 플랫폼 비즈니스는 왜 잘되는지 관심을 가지고 생각해 보기를 바랍니다. 미래의 비즈니스가 여러분 손에 달렸을 수도 있으니까요.

생각해 볼 포인트

☑ 플랫폼이란 무엇이며, 플랫폼 비즈니스의 대표적인 사례에는 무엇이 있나요?

☑ 플랫폼 비즈니스의 중요한 선결 과제는 무엇인가요?

☑ 플랫폼의 핵심은 무엇일까요? 네트워크 효과를 여러분의 언어로 설명해 봅시다.

5장

Z세대, 아주 새로운 소비 인류

Z세대의 소비

Z세대만의 문법

인구 정보를 이용한 소비자 분석

마케팅에서 소비자들을 구분할 때 가장 일반적으로 사용하는 방법이 바로 인구학적 정보를 이용하는 것입니다. 여성과 남성이라는 성별 정체성, 나이, 사는 지역, 소득수준 등의 객관적인 정보로 구분하는 방식이죠. 나이별로 세대를 구분할 때는 보통 베이비 붐 세대(1950~1964년 출생), X세대(1965~1979년 출생), 밀레니얼 세대(1980~1994년 출생), Z세대(1995년 이후 출생)로 나눕니다. 2019년 기준 한국의 밀레니얼 세대는 전체 인구의 약 21퍼센트, Z세대는 약 15.9퍼센트를 차지해 MZ세대가 전체 인구의 36.9퍼센트를 구성하고 있습니다. 여러분이 생각보다 중요한 세대라는 것을 느꼈나요?

그런데 개개인의 성향은 저마다 다른데 15년 정도의 주기로 많은 사람을 세대별로 묶는 게 효과가 있을까 하는 의문이 들 수도 있어요. 하지만 인구학에서 볼 때 그 정도의 주기는 문화적·역사적 사건과 경험 등을 공유하여 동질감을 느끼고 대체로 유사한 성향을 지닌다는 점에서 세대별 구분이 의미 있다고 봅니다. 예를 들면 1990년대 말의 IMF 외환위기, 2007~2008년의 글로벌 금융위기, 그리고 2020년의 코로나19라는 글로벌 팬데믹 같은 역사적 분절점을 직접 경험한 세대와 그렇지 않은 세대 사이에 차이가 있다고 보는 거예요. 중요한 점은 이런 역사적 사건들과 그에 따른 사회적 변화는 인간의 소비 문화에도 여실히 반영된다는 것이죠.

어머니 날 낳으시고, 동영상 날 키우셨네

이 장에서는 여러분과 밀접한 관련이 있고, 앞으로 리테일 산업에서 더욱더 중요해질 Z세대를 집중적으로 살펴볼까 합니다. 먼저 Z세대를 특정할 수 있는, 과거와 크게 다른 점은 무엇일까요?

바로 디지털 네이티브Digital Native 세대, 유튜브YouTube 세대라는 점입니다. 디지털 네이티브 세대라는 말은 인터넷과 스마트폰을 비롯한 디지털 기술이 대중적으로 널리 퍼진 시기, 또는 그 이후에 태어난 세대라는 뜻이에요. 유튜브는 2005년에, 스마트폰은 2007년에 처음으로 세상에 등장했는데요, Z세대 중에서도 나이대가 높은 1995년생은 학교에 다닐 무렵인 10~12세에 이미 유튜브와 스마트폰을 접했고, 이후에 태어난 Z세대는 유아기부터 유튜브 동영상과 스마트폰을 보며 자란 것이죠.

그러다 보니 Z세대는 태블릿과 스마트폰에서 손가락으로 태핑

Z세대는 스마트폰의 전화기 아이콘이 왜 아날로그 전화기 모양으로 만들어졌는지 알고 있을까?

하면서 콘텐츠를 선택·소비하고, 디지털 스크린으로 하는 모든 것이 너무나 자연스럽습니다. 이전 세대보다 Z세대가 디지털 동영상 채널을 선호하는 비율이 압도적으로 높은 것이 당연한 현상일 수밖에 없지요. 저만 해도 어렸을 적에 종이 신문과 책을 읽고, 라디오를 듣는 것이 일상이었던 세대에 속해서 디지털로 문화를 새로 배우는 일이 쉽지만은 않거든요.

디지털 환경에서 자란 Z세대의 쇼핑 행동에 관해서는 다양한 견해가 있습니다. 앞에서 언급한 것처럼 콘텐츠를 접하는 방식, 태어난 환경 등이 이미 디지털화되어 있다 보니 온라인 쇼핑만 하고 오프라인 매장에서 하는 쇼핑의 필요성은 그다지 느끼지 못할 수도 있습니다. 그런데 여러분, 과연 그럴까요?

Z세대도 오프라인 쇼핑을 사랑한다

한 가지 의미 있는 조사 결과를 소개하자면 Z세대가 뜻밖에 오프라인 쇼핑을 좋아한다는 것입니다. 컨설팅 그룹 AT커니가 2019년에 미국의 Z세대 1,500명을 대상으로 조사한 결과, 설문 참여자의 81퍼센트가 오프라인 쇼핑을 선호하고, 73퍼센트가 매장에서 새로운 상품을 발견하길 원하는 것으로 나타났어요. 매장 방문을 선호하는 이유는 50퍼센트 이상이 디지털과 단절될 기회로 여기기 때문이라고 해요.

오프라인 쇼핑의 장점은 무엇일까요? 직접 물건을 확인할 수 있고 온라인 배송을 기다리지 않아도 된다는 점, 그리고 타인과 소통할 수 있는 '실재감'을 동반하는 공간이라는 점 등을 들 수 있습니다. 그런데 이러한 오프라인 쇼핑이 디지털 세계에 너무나 파묻혀 지내는 스마트폰 세대, 유튜브 세대인 Z세대에게 오히려 디지털 디톡스digital detox의 경험으로써 선호된다는 거예요. 어떤가요, 여러분도 고개가 끄덕여지는 정보인가요?

실제로 여러 연구에서 디지털 세계에 지나치게 몰입하는 것은 정신 건강에 좋지 않다는 결과가 나왔어요. 한 예로 미국 펜실베이니아 주립대학교와 중국 광저우 연구 팀의 연구 결과를 보면 코로나19 기간 동안 SNS를 많이 이용할수록 우울감이 높아진 것으로 나타났습니다.[18] 이전 연구 결과들도 비슷하게 SNS 사용으로 본인과 타인을 비교하게 되어 열등감을 느끼거나 부정적인 기분을 느끼게 된다는 결과를 보였어요.[19] 이를 두고 카카오스토리, 페이스북, 인스타그램의 첫 글자를 딴 '카페인 우울증'이라는 표현도 생겨났을 정도예요.

앞에 언급한 AT커니의 조사에 참여한 Z세대의 46퍼센트가 쏟아지는 뉴스나 소셜 미디어에 압도당하는 느낌 등의 이유로 자신들의 정신 건강에 우려를 표현하기도 했답니다. 이런 연구 결과들은 아날로그-디지털, 온라인-오프라인 등 어느 한쪽으로만 치우치는 것은 정서적으로 좋지 않은 영향을 준다는 것을 보여 줍니다. 여러분도 디지털 세계에서 잠시나마 벗어나 오프라인 공간을 방문하거나 시선을 바꾸는 노력을 하기를 바랍니다.

생각해 볼 포인트

- ☑ **Z세대, X세대, 밀레니얼 세대, 베이비 붐 세대 등 나이대로 소비자를 구분하는 이유는 무엇일까요?**
- ☑ **Z세대의 특징은 무엇일까요?**
- ☑ **디지털에 지나치게 몰입하면 어떤 나쁜 영향이 있을까요?**

Z세대의 다양성에 주목하라

아시아권의 Z세대는?

앞에서 사람들을 세대별로 구분할 수 있다고 설명했지요? 큰 범주에서 볼 때 X세대와 MZ세대는 서로 다른 시대를 겪어서 자연스럽게 사고방식과 행동 양식에 차이가 존재한다는 거예요. 그런데 간과하지 말아야 하는 것이 있어요. 국가 간의 문화 차이가 크다 보니 같은 세대라도 국가마다 차이가 존재한다는 점입니다. 예를 들어 아시아권 나라들의 Z세대 사이에는 행동의 차이가 있습니다. 한국은 인구의 약 15.9퍼센트가 Z세대에 속해요. 글로벌 컨설팅 업체 맥킨지McKinsey가 2020년 한국, 일본, 중국, 인도네시아, 호주와 태국 등 6개국의 소비자 1만 6,000명을 조사해 X세대, 밀레니얼 세대, Z세대의 3세대를 종합적으로 비교해 보고자 했습니다. 그 결과, 먼저 밀레니얼 세대와 Z세대는 모두 쇼핑을 할 때 고객 개개인의 특성을 반영하는 고객 맞춤형customization 경험을 중요하게 생각한다는 유사점을 나타냈어요.

	1950	1960	1970	1980	1990	2000

세대 구분	베이비 붐 세대	X세대	밀레니얼 세대(Y세대)	Z세대
출생 연도	1950~1964년	1965~1979년	1980~1994년	1995년 이후
인구 비중	28.9%	24.5%	21%	15.9%
미디어 이용	아날로그 중심	디지털 이주민	디지털 유목민	디지털 네이티브
성향	전후 세대, 이념적	물질주의, 경쟁 사회	세계화, 경험주의	현실주의, 윤리 중시

출처: 통계청·맥킨지코리아

출생 연도, 인구 비중, 미디어 이용, 성향 등에 따른 세대 구분

그런데 이 두 그룹의 디지털 행동에는 큰 차이가 있었어요. 디지털 네이티브인 Z세대의 조사 참가자 중 33퍼센트 이상이 하루 평균 여섯 시간 이상 스마트폰을 사용하는 반면 밀레니얼 세대는 22퍼센트만, X세대는 10퍼센트만이 스마트폰을 여섯 시간 이상 사용하는 것으로 나타났습니다. 또한 Z세대는 다른 세대들보다 소셜 미디어에 시간을 더 많이 쓰는 것으로 나타났고, 자신들이 좋아하는 브랜드의 소셜 미디어나 동영상 기반 플랫폼(예: 유튜브)을 팔로어하는 경향이 더 크게 나타났지요. 또 그러한 동영상 콘텐츠에 영향을 많이 받는다고 합니다. 자신의 개성과 독특함을 표현할 수 있는 브랜드를 선호하고, 환경문제에 관심은 많지만 친환경 상

품의 가격이 비싸다면 구매 결정을 조금 망설이는 경향도 보였습니다.[20]

이 조사에서 한국의 Z세대는 브랜드 기반 플랫폼이나 동영상 콘텐츠의 영향을 가장 많이 받는 것으로 나타났어요. X세대(15퍼센트)보다 Z세대(45퍼센트)가 동영상 콘텐츠를 가장 중요한 구매 결정 요소 세 가지 중 하나라고 동의한 비율이 높게 나타났는데요, 한국 Z세대의 이러한 경향은 다른 5개 국가의 Z세대 중에서도 가장 뚜렷했습니다.

또한 한국 10대의 특징 중 하나로 커뮤니티 중심의 크루crew 문화를 꼽을 수 있어요. 예를 들면 취미와 관심거리가 같은 사람들이 모여 하나의 모임을 만드는 것이에요. 단순한 친목 모임이 아니라 비슷한 관심거리를 가진 사람들에게 연락을 하고, 가입 기준(크루마다 다름)을 통과한 사람들끼리 오픈 카톡방이나 틱톡 등의 소셜 미디어로 다양한 활동과 미션 등을 수행하지요. 온·오프 정기 모임을 가지기도 하고요. 예를 들어 앞에서 언급한 Z세대가 좋아하는 브랜드의 옷을 파는 '러블리마켓'의 경우 '러마 크루'가 활발하게 운영되고 있어요. 러마 크루 단톡방에서는 패션 스타일에 관한 정보를 나누고, 기업 담당자와 커뮤니케이션할 기회를 가지기도 하고, 자신들의 고민을 나누기도 한답니다. 이전 세대들보다 훨씬 더 적극적이고 자유로운 스타일의 커뮤니케이션을 추구하고, 동기부여와 조언을 능동적으로 구하는 이들 세대의 특성을 엿볼

수 있지요.[21]

반면 14억 인구를 가진 중국의 Z세대에게서는 조금 다른 성향을 엿볼 수 있었습니다. 중국에서는 세대를 10년 단위로 나눕니다. Z세대에 해당하는 세대를 '주링허우九零后'라고 부르는데요, 2019년 기준 중국 인구의 16퍼센트(약 2억 800만 명)를 차지하는 것으로 나타났어요. 이들은 2020년까지 중국 전체 소비의 약 40퍼센트를 차지할 것으로 예측되었고, 베인컨설팅에 따르면, 특히 중국의 럭셔리 시장은 2025년까지 Z세대가 전체 매출의 55퍼센트 이상을 차지할 것으로 예측됩니다. 중국의 첫 디지털 세대로서 인플루언서, 가족, 친구 등의 다양한 채널에서 얻은 정보를 쇼핑에 이용하며, 위챗과 바이두 같은 중국 SNS 플랫폼이 그들의 주요 무대입니다. 주링허우는 중국에서도 신흥 부유층으로 떠오르고 있어요. 특히 쇼핑할 때 편의성을 중요하게 생각해서 당일 배송이나 반나절 배송을 선호한다고 해요.[22]

더 좋은 브랜드로 쉽게 이동하는 Z세대

일반적으로 Z세대는 다른 세대들보다 브랜드 충성도가 낮은 것으로 알려져 있습니다. 브랜드보다는 자신한테 잘 어울리는지를 더 중요하게 생각하고, 자신만의 개성을 나타내 주는 '희귀템'이나 맞춤형 옷을 선호하는 경향이 큽니다. 실제로 글로벌 컨설팅 기업 액센츄어Accenture가 2017년에 조사한 결과, Z세대의 경우 옷은 16

밀레니얼 세대와 Z세대의 유년기·성장기 비교

구분		밀레니얼 세대	Z세대
현재 나이대		20대 중후반~30대 후반	10대 중반~20대 초중반
출생 연도		1980~1990년대 초반	1990년대 중반~2000년대
경제 상황	유년기(10세 이하)	1986~1988년 3저 호황 (저달러, 저유가, 저금리)	1997년 IMF 구제금융 요청
	성장기(10대 초중반)	1997~1999년 IT 붐	2007~2008년 글로벌 금융 위기
커뮤니케이션	성장기(10대 중후반)	카페·커뮤니티 (프리챌, 싸이월드 등)	소셜 네트워크 서비스 (페이스북, 트위터 등)
미디어	성장기(10대 중후반)	인터넷	모바일

출처: 동아 비즈니스 리뷰(2019)

퍼센트, 헬스&뷰티 용품은 19퍼센트만 단일 매장에서 구입하는 반면 밀레니얼 세대는 각각 26퍼센트, 34퍼센트의 수치를 나타냈어요.[23]

또한 Z세대는 10대였던 2007~2008년에 닥친 글로벌 금융 위기를 부모님 옆에서 간접 경험하게 되었습니다. 그러다 보니 경제관념이 현실적이고 경제적 책임감도 있어요. 물론 Z세대의 부모가 X세대이다 보니 베이비 붐 세대 부모 밑에서 자란 밀레니얼 세대보다 더 자율적이며, 세상을 보는 관점도 좀 더 현실적이라는 특성이 있지요. 또한 글로벌 문화, 다양성, 인종과 '다름'을 받아들이는 경향도 다른 세대들보다 더 큰 편이고요. BTS가 세계적으로 알려지고 큰 성공을 거둘 수 있었던 데에는 Z세대의 역할이 컸다고 보는 시각도 있어요. 제가 미국에서 생활한 시간 동안 일반 레스토랑에서 한국 가수의 노래가 나온 것은 2020년 BTS의 〈다이너마이트Dynamite〉가 처음이었는데요, 그때 뭉클한 감정을 잊을 수가 없답니다.

이렇게 다양하고 독특한 개성을 지닌 Z세대는 앞으로 정말 중요한 소비 세대가 될 것입니다. 전체를 아우르는 특성이 이전 세대들과 다른 한편, 국가마다 다른 문화와 사회적 특성이 융합되어 국가 차원에서 보이는 다양성도 존재하지요. 여러분이 중요한 소비자로서 어떤 상품을 구입하고 어떤 기업을 선택하느냐 하는 결정들이 비즈니스는 물론 사회에도 많은 시사점을 준다는 사실, 기억하면 좋겠습니다.

생각해 볼 포인트

- ☑ **나라마다 Z세대의 공통점과 차이점은 무엇일까요?**
- ☑ **Z세대가 중요한 이유는 무엇인가요?**

유튜브, Z세대의 놀이터이자 일터

나도 유튜버가 되고 싶어요!

혹시 여러분 중에 유튜버가 되고 싶다거나, 아니면 이미 활동하고 있는 친구들이 있나요? 2019년 교육부 조사 결과에 따르면, 초등학생의 희망 직업 1위가 운동선수, 2위가 선생님(교사), 그리고 3위가 크리에이터creator, 4위 의사, 5위 조리사(요리사), 6위 프로게이머 순이라고 해요. 그런데 2015년에는 1위가 선생님, 2위가 운동선수, 그 뒤를 조리사, 의사, 경찰 등이 이었습니다. 이처럼 최근 들어 어린 친구들에게 관심을 많이 받는 희망 직업인 크리에이터는 바로 '콘텐츠 크리에이터'를 가리키지요.

콘텐츠 크리에이터 하면 여러분은 무엇이 떠오르나요? 아마 유튜브YouTube, 트위치Twitch 같은 사이트가 떠오를 것 같은데요, 어떤 주제의 콘텐츠를 커뮤니케이션하는 사람들을 모두 콘텐츠 크리에이터라고 볼 수 있지요. 편의상 이 책에서는 동영상을 제작해 유튜브 같은 사이트에 올려 공유하는 사례를 중심으로 살펴보겠습니다.

학생 희망 직업 변화(상위 10위)

(학생 2만 4,783명 대상, 6월 18일~7월 26일 학교급별 온라인 조사)

	초등학생		중학생		고등학생	
	2015년	2019년	2015년	2019년	2015년	2019년
1위	선생님(교사)	운동선수	선생님(교사)	선생님(교사)	선생님(교사)	선생님(교사)
2위	운동선수	선생님(교사)	경찰	의사	기계공학 기술자 및 연구원	경찰관
3위	조리사(요리사)	크리에이터	조리사(요리사)	경찰관	경찰	간호사
4위	의사	의사	의사	운동선수	정보 시스템 및 보안 전문가	컴퓨터 공학자·소프트웨어 개발자
5위	경찰	조리사(요리사)	운동선수	뷰티 디자이너	간호사	군인
6위	판사·검사·변호사	프로게이머	정보 시스템 및 보안 전문가	조리사(요리사)	생명·자연과학자 및 연구원	생명·자연과학자 및 연구원
7위	가수	경찰관	건축가·건축 디자이너	군인	군인	건축가·건축 디자이너
8위	과학자	법률 전문가	공무원	공무원	조리사(요리사)	항공기 승무원
9위	제빵원 및 제과원	가수	간호사	컴퓨터 공학자·소프트웨어 개발자	공무원	공무원
10위	아나운서·방송인	뷰티 디자이너	군인	간호사	건축가·건축 디자이너	경영자·CEO

출처: 교육부(2019)

2015년 vs. 2019년 초등학생·중학생·고등학생의 희망 직업 변화

유튜브는 2005년 미국 캘리포니아에서 시작된 비디오 공유 플랫폼입니다. 4장에서 다루었듯이 콘텐츠만 있으면 누구나 공유할 수 있고, 콘텐츠를 원하는 사람들이 공유된 콘텐츠에 쉽게 접근할 수 있어서 플랫폼으로 구분합니다. 유튜브는 서비스 개시 1년 뒤인 2006년에 비디오 영상 시대와 유튜브의 미래 가치를 알아본 구글

이 16억 5,000만 달러(약 1조 8,000억 원)에 인수했어요. 단순 동영상 플랫폼으로 시작했지만 이제는 세계 검색 엔진 2위 자리에 올랐지요. 궁금한 것이 있을 때 예전에는 네이버나 구글에서 검색했다면, 요즘은 유튜브에서 검색하는 사람들이 늘고 있답니다.

개인의 콘텐츠가 곧 경쟁력

유튜브의 검색 기능과 높은 인기보다 더 중요한 의미는 유튜브를 통해 일반인들이 콘텐츠를 생산하는 생산자로서 수익을 창출하는 역할 이동이 일어났다는 것입니다. 그리고 상상도 못할 수준의 수익이 발생할 수 있다는 점도 간과해선 안 되죠.

미국의 〈포브스〉지가 2020년에 전 세계에서 가장 수익을 많이 낸 유튜버를 공개했는데요, 1위는 '라이언의 세계Ryan's World'를 운영하는 아홉 살 소년 라이언 카지였어요. 전 세계에 무려 4,170만 명의 구독자를 보유하고 있는 채널로, 라이언이 장난감 등을 언박싱하는 비디오로 유명하죠. 이를 통해 라이언은 약 2,950만 달러(약 324억 원)의 수익을 창출했다고 해요.[24] 상상이 안 될 만큼 엄청난 규모입니다. 게다가 아마존과 월마트에서는 '라이언의 신비한 놀이Ryan's Mystery Playdate'라는 브랜드 제품을 판매하고 있지요.

한국의 청소년 유튜버 마이린도 인기 많은 유튜버로 알려져 있어요. 2015년에 유튜버 채널을 시작해 기획부터 편집까지 주로 혼자 한다고 해요. 또래 친구들이 좋아할 만한 콘텐츠를 만들어 내

전 세계에 4,170만 명의 구독자를 보유한 '라이언의 세계' 유튜브 채널(왼쪽). '라이언의 신비한 놀이'는 아마존과 월마트에서 판매되고 있다(오른쪽).

2020년 현재 109만 구독자를 자랑합니다. 《마이린 TV》라는 만화책까지 출간했고요.

유튜브 구독자 63만 명을 기록한 기타 신동 송시현도 있습니다. 영상을 보면 정말 놀라울 정도로 기타를 잘 치는데요, 5학년 때 올렸던 영상에 세계적으로 유명한 밴드 마룬파이브Maroon 5가 직접 댓글을 달아서 더 화제가 되었죠. 2020년에는 앨범을 내기도 했고요. 나이는 어리지만 엄연한 프로듀서로 성장하는 모습이 정말 대단합니다.

또한 유튜브 CEO와 구글 CEO까지 미팅한 박막례 할머니의 채널 역시 혁명적인 사례라고 말할 수 있지요. 친근한 존재로 느껴지는 할머니에게서 얻을 수 있는 뜻밖의 유머, 솔직함, 나이 든 여성이 삶의 근육으로 전달하는 지혜에 젊은 세대가 호응한 사례로

뛰어난 기타 연주 실력으로 화제가 된 뒤 프로듀서로 성장하고 있는 유튜버 송시현(왼쪽). 2019년 유튜브 CEO 수전 워치츠키와 박막례 유튜버의 만남은 TV 뉴스에도 보도되며 큰 화제가 되었다(오른쪽).

볼 수 있습니다. 이 밖에도 엄청나게 많은 이들이 1인 채널을 열어 다양한 콘텐츠를 올리고, 보는 이들의 '구독subscription'을 기다리고 있습니다.

유튜브의 성장이 비즈니스에서도 중요한 이유는 유튜브로 광고를 둘러싼 개인과 기업 간의 경쟁 구도가 변했다는 점 때문이에요. 이미 방송국들의 광고 매출이 상위 순위에 올라 있는 개인 유튜브 채널과 비슷하거나 더 낮은 수준으로 하락했어요. 이런 변화는 과거에는 상상도 하지 못했던 미디어의 변화이자 비즈니스 생태계의 변화입니다. 다시 말해, 유튜브나 트위치 같은 플랫폼은 과거에는 불가능했던, 소비자가 생산자로서 역할을 할 수 있게 만들었고, 더구나 젊은 MZ세대의 메인 채널이라는 점에서 더욱 중요한 의미가 있어요. 기업들이 유튜브 채널을 좀 더 유심히 관찰하고 유튜버들과의 컬래버레이션(협업)을 진행하는 등, 새로운 변화에 대응하려고 다양한 노력을 쏟아붓고 있는 이유입니다.

유튜브의 무기, 추천 알고리즘

여러분, 옆에 스마트폰이 있다면 한번 유튜브 앱을 켜 보세요. 그리고 앱을 닫고, 바로 다시 열어 보세요. 아니면 화면을 새로고침해 보세요. 어떤 현상을 발견했나요? 유튜브를 실행 중지하고 다시 방문했을 때, 또는 화면을 새로고침했을 때 10초 간격으로 여러분에게 노출되는 콘텐츠가 달라진다는 사실을 발견했을 거예요. 아마 노출되는 콘텐츠들이 예전에 본 영상들과 관련이 있다거나, 같은 유튜버의 것이라거나, 비슷한 주제의 콘텐츠가 많다는 것도 알아차렸을 테지요. 이미 여러분에게 익숙한 장면일 거예요. 사실 이런 현상은 유튜브뿐만이 아니라 페이스북과 인스타그램 같은 SNS에서도 비슷한 양상으로 나타납니다.

왜, 그리고 어떻게 이런 현상이 발생하는 걸까요? 유튜브뿐 아니라 소셜 미디어의 대부분이 우리가 그동안 검색한 것, 실제로 시청한 콘텐츠와 시청 시간 등 우리의 행동 정보를 가지고 우리가 '좋아할 만한' 콘텐츠를 추천합니다. 이런 접근을 '알고리즘algorithm 기반 콘텐츠 마케팅'이라고 부르기도 하죠. 개개인의 정보, 이전 검색 기록 등을 기반으로 좋아할 만한 콘텐츠를 추천해 주는 것인데요, 개인별 정보가 엄청나게 많다 보니 인공지능과 머신 러닝 같은 기술을 이용해서 진행됩니다.

추천 알고리즘의 장점은 무엇일까요? 우리가 좋아할 만한 콘텐츠를 먼저 제시해 주니 따로 검색하지 않고 주어진 것에서 고르면 되어 편리하지요. 그런데 단점도 있어요. 우리가 보고 있는 것들이 무심코 선택한 것일 수 있지만 그 선택의 범위도 사실은 인공지능 알고리즘이 우리에게 제시한 것이라는 점을 들 수 있습니다. 이는 생각할 자유를 은연중에 인공지능에게 뺏기고 있는 것일 수도 있어요. 다시 말해, 우리가 의식적으로 선택하는 것처럼 보이지만, 실제로는 우리의 선택 범위가 이미 인공지능 알고리즘 안에서 이뤄진다는 뜻입니다.

그런데 그게 왜 큰 문제가 되는지 궁금할 수도 있겠네요. 그런 면에서 여러분에게 2020년 9월에 넷플릭스가 소개한 〈소셜 딜레마The Social Dilemma〉라는 다큐멘터리를 추천하고 싶습니다. 정말 생각할 거리가 많은, 강력하게 추천하는 다큐멘터리입니다. 이 작품은 우리에게 다음과 같은 질문을 던집니다. 우리가 선택하는 것이 과연 우리가 원한 것일까? 좋아하는 것 중심으로만 본다면 사고의 중립성을 지킬 수 있을까? 이런 알고리즘의 영향에서 벗어날 수 있을까? 벗어날 수 없다면 우리는 어떤 가치관을 가져야 할까? 질문 하나하나가 답을 내리기 어려워서 깊이 고민해 보아야 합니다.

물론 유튜브 같은 플랫폼 생태계는 쉽게 접근할 수 없는 양질의 콘텐츠에 액세스(접근)를 허용해 준다는 점에서 우리에게 무척 고

기술 기반 알고리즘의 영향을 다룬 넷플릭스 다큐멘터리 〈소셜 딜레마〉

마운 존재입니다. 하지만 반대로 우리의 사고가 오히려 한쪽으로 편향될 수 있다는 점을 명심하고 이용했으면 좋겠어요. 누구든 너무 한 방향의 콘텐츠에 계속 노출되다 보면 한쪽으로 치우친 사고를 할 수 있기 때문이죠. 조금 어려운 말로 '확증 편향confirmation bias'이라고 하는 현상인데요, 자신의 가치관이나 생각, 신념을 지속적으로 확인받다 보면 그 신념이 더욱 강해져 균형을 잃고 그쪽으로 치우치게 되는 것을 의미합니다. 다시 말해, 내가 보는 콘텐츠가 나의 신념과 사고를 더 강하게 만드는 반면 그에 반대되는 사고를 경험할 기회가 줄어들어서 '나의 사고가 옳다'라는 확신이 필요 이상으로 강해지는 거죠. 그럼 나와 사고방식이 다른 사람들을 받아들이지 못하고 쉽게 배척한다거나 옳지 않은 것으로 여겨 부정할 수 있습니다.

성장하는 시기에는 다양한 사고를 접하고, 분석적으로 생각하며, 그 안에서 균형 잡힌 시각을 개발하는 것이 굉장히 중요합니다. 그래서 저는 여러분이 접하는 콘텐츠, 시각에 대해 다양한 관점으로 바라볼 수 있도록 마음을 열고 사고하기를 적극 권합니다. 아주 간단한 실천 방법으로는 이따금 유튜브에서 맞춤 동영상 기록을 삭제해 초기화하고 그동안의 시청 기록을 지우는 거예요. 결론적으로 앞으로 더 많은 콘텐츠 중심의 플랫폼이 우리와 함께하게 될 텐데요, 장단점을 잘 알고 긍정적인 영향을 키우도록 관심을 가져야 하겠습니다.

생각해 볼 포인트

- ☑ **유튜브 같은 플랫폼은 소비자의 역할에 어떤 변화를 가져왔나요?**
- ☑ **유튜브를 포함한 SNS의 추천 알고리즘이란 무엇인가요?**
- ☑ **알고리즘을 기반으로 하는 콘텐츠 소비의 장단점에 대해 토론해 보세요.**
- ☑ **균형 감각을 가지고 콘텐츠를 접하는 것이 중요한 이유는 무엇인가요?**

6장

소비자는 기업의 '민낯'이 궁금하다

쇼핑 권력과 윤리적 소비

소셜 미디어 속 광고 아닌 광고 논란

뒷광고, 팔로어들에게 배신감을 안기다

1장에서 리테일 비즈니스의 개념과 마케팅 4P에 관해 설명했는데요, 4P 중 하나인 프로모션의 대표적인 방법이 광고라고 했습니다. 기업은 소비자들에게 상품을 소개하고 장점을 드러내고자, 또는 유명인의 이미지를 지렛대 삼아 긍정적인 이미지를 형성하려고 광고를 하지요. 보는 사람도, 만드는 사람도 광고라는 것을 인식할 수 있습니다.

2020년 한국의 유튜브 세계를 강타한 사건이 있었습니다. 이른바 '뒷광고' 사건입니다. 뒷광고라는 말은 앞에서 대놓고 광고라고 하지 않았는데 알고 보니 광고라고 해서 붙여진 이름이에요. 내가 좋아하는 유튜버가 먹방을 하는데 A브랜드의 ○○치킨을 먹었다고 가정해 봅시다. 그리고 그 유튜버가 직접 자기 돈을 내고 사 먹었다고 강조합니다. 내가 긍정적으로 평가하는 유튜버가 제 돈을 주고 사 먹었는데 맛있었다는 치킨은 왠지 나도 한번 먹어 보고 싶은 마음이 들기 마련이죠. 유튜버에 대한 긍정적인 이미지에 상품에 대한 간접경험이 더해져 그 유튜버가 먹는 치킨에까지 긍정적인 이미지가 형성됩니다. 그런데 나중에 알고 보니 치킨 회사에서 협찬받은 것이었고, 심지어 맛있게 먹는 모습을 방영해 주는 조건으로 유튜버가 2,000만~3,000만 원의 비용을 받았다는 사실이 밝혀졌다면 어떤 생각이 들까요?

이것이 바로 뒷광고 사건의 핵심입니다. 유명인들과 유튜버들이 광고가 아닌 것처럼 배경을 설명하고, 실제로 직접 구입해서 사용해 보니, 또는 먹어 보니 너무 좋았다면서 상품을 추천했는데 나중에 협찬 제품에 광고비까지 받은 사실이 탄로 난 것이죠. 이런 사건에는 초통령(초등학생들의 대통령)으로 불리는 유튜버 도티가 설립한 샌드박스 소속 유튜버들도 포함되었고, 먹방 유튜버 문복희, 연예인들의 스타일리스트 한혜연('내돈내산' 코너), 가수 강민경 등도 포함되었습니다.[25] 물론 이 사람들 말고도 여러 사례가 있고, 그들의 콘텐츠 중 일부 영상에 광고 미표기 문제가 있었던 것이지요. 어찌 되었든 팔로어들이 배신감을 느끼게 된 것은 부정할 수 없는 사실입니다.

이슈가 불거지자 논란의 중심이 되었던 유튜버들이 사과 글이나 영상을 올렸습니다만, 많은 이들이 느낀 배신감은 쉽게 사라지지 않을 것 같습니다. 그 이유는 유튜브 같은 경우, 광고임을 표시하기가 너무나 쉬운데도 그걸 의도적으로 하지 않고 마치 '내돈내

뒷광고 논란 이후 유튜브 채널 '네고왕'은 '앞광고'를 콘셉트로 내세워 소비자들의 호응을 얻었다.

산(내 돈 주고 내가 산 제품)'인 것처럼 포장했기 때문이죠. 유튜버를 믿었던 구독자들의 분노는 심지어 단체 소송을 하겠다는 움직임으로까지 이어졌어요. 그만큼 유튜버를 믿고 상품을 구입한 사람들이 많았기 때문이기도 하죠. 유튜버 같은 인플루언서의 영향력이 얼마나 큰지 알 수 있는 대목입니다.

이러한 영향력은 인플루언서를 통한 '바이럴 마케팅viral marketing(virus와 oral을 합친 단어로, 소비자들을 통해 빠르게 전파되는 입소문 마케팅)'에 해당합니다. 유튜버 광고는 사실 오래전부터 암묵적으로 이루어지고 있었고, 비슷한 논란도 있었지만 그럼에도 업계 관행인 것처럼 계속 이어져 오다가 2020년 여러 인플루언서의 사례가 한꺼번에 터지면서 큰 문제로 떠올랐다고 볼 수 있지요.

브랜드의 위기 대처 방식이 중요한 이유

인플루언서도 하나의 브랜드입니다. 그러한 측면에서 브랜드의 신뢰와 명성에 위기가 닥쳤을 때 어떻게 대처하느냐는 브랜드의 신뢰 회복은 물론, 부활 여부에도 지대한 영향을 끼치지요. 임블리라는 인플루언서의 사례를 통해 브랜드가 위기에 대처하는 방법이 중요한 이유를 살펴보겠습니다.

임블리는 2019년 당시 인스타그램에서 84만 명의 팔로어를 보유한 패션 인플루언서였는데요, 2013년부터 쇼핑몰 '임블리'와 화장품 브랜드 '블리블리'를 운영하면서 건강 기능 식품 업체와 함께 호박즙 등을 판매해 오고 있었습니다. 또한 여성 의류 브랜드 '탐나나', 남성 의류 브랜드 '멋남' 등을 운영하며 연간 매출이 무려 1,700억 원대에 이르는 중견 기업으로 성장했지요.

그러던 중 임블리가 운영하는 쇼핑몰에서 판매하는 호박즙 파우치에서 곰팡이로 보이는 이물질이 나왔다는 논란이 일었습니다.[26,27] 문제는 이를 처리하는 데 있어 해당 컴플레인을 한 소비자에게 전체 환불은 어렵고 남은 수량과 폐기한 한 개만 교환해 주겠다고 했던 거예요. 그러다 상황이 점점 심각해지자 그제야 해당 상품 판매 중단 및 환불 조치를 진행하겠다고 밝혔지요. 하지만 호박즙 사건이 널리 알려지고 상식 밖의 대응 과정이 많은 이들에게 실망과 분노를 안겨 주면서 브랜드 이미지가 추락하고 말았습니다.

논란이 생겼을 때 신속하게 공식 해명을 하고 제대로 된 사과를 했어야 하는데 타이밍이 늦었던 것이 가장 큰 패착이었죠. 임블리 인스타그램에 수많은 소비자의 항의가 이어졌고, 급기야 임블리는 인스타그램을 비공개로 전환했어요. 이후 사과문을 올렸지만, 그마저도 제조사의 잘못이라는 어감이 강해 더욱 비난을 받았습니다.

다행히 지금은 인기를 어느 정도 회복했지만, 초기 대응의 미흡함과 소통을 차단하는 방식 때문에 소비자들에게 진정성을 비판받은 사례로 남았습니다. 이는 브랜드들이 위기에 대처하는 자세와 방식이 굉장히 중요하다는 것을 시사하지요.

생각해 볼 포인트

☑ **유튜버들의 뒷광고, 임블리 사건 같은 사례에서 얻을 수 있는 교훈은 무엇인가요?**

☑ **기업들은 신뢰에 대한 위기 상황에 어떻게 대응하는 것이 좋을까요?**

Z세대 부상이 의미하는 것

하나를 사더라도 가치 소비

유튜버들의 뒷광고나 임블리 사건 등은 기업 윤리와 사회적 가치의 문제입니다. 기업 윤리와 사회적 가치는 시대에 상관없이 중요한 이슈이지만 앞으로는 더욱더 중요해질 전망이에요. 미래 소비시장의 주요 소비자인 MZ세대가 공정성과 지속 가능성 등의 사회적 이슈를 중요하게 여기고, 그러한 이슈를 소비에도 반영하기 때문이지요.

다시 말해, MZ세대는 브랜드의 가치와 신념 등을 자신의 소비 결정에 있어서 중요한 이슈로 생각한다는 거예요. 이러한 접근을 '가치 소비'라고 부릅니다. 가치 소비란 단순히 필요에 따라 소비를 하는 것이 아니라 자신이 추구하는 가치와 만족을 위해 소비하는 행동을 말해요. 이 책의 2장에서 언급했던 것처럼 MZ세대는 자신의 존재감을 확인하기 위해 '플렉스'라고 불리는 과시적 소비도 하는 한편, 개념 있는 가치 소비를 자기 정체성을 확인하는 방법으로도 이용합니다. 더구나 '친환경=쿨하다'라는 인식과 함께 친환경과 사회의 지속 가능성에 관심이 많다 보니, 상품과 서비스를 제공하는 기업의 윤리와 신념 등을 소비 결정 과정에서 중요한 요소로 여기지요.

이런 점을 고려해 한국에도 친환경과 지속 가능성을 강조한 매장들이 속속 늘어나고 있습니다. 한 예로 글로벌 홈퍼니싱 리테일러인 이케아IKEA는 2020년 11월 서울 성수동에 이케아 랩IKEA Lab이라는 지속 가능성 체험 팝업pop-up 매장을 오픈했어요. 한시적으로 운영한다는 의미의 팝업 매장으로 6개월간 운영될 예정인데요, 이케아 숍과 이케아 푸드 랩의 두 공간에서 재활용 플라스틱과 대나무 등 지속 가능한 소재로 만든 제품들을 만날 수 있습니다. 또 이케아의 본고장인 스웨덴의 미트볼과 친환경 베지볼 같은 음식도 맛볼 수 있지요. 쇼룸에 전시된 디자인 상품들을 통해 갖가지 아이디어를 접할 수 있을 뿐 아니라 도심에서 지속 가능성을 직접 체험해 볼 수 있는 매장입니다.

이 매장이 문을 연 뒤 '성수 이케아 랩'은 친환경을 중시하는 Z세대에게 핫한 키워드로 떠올랐고, 인스타그램에 올릴 만한, 즉 인스타그래머블한 매장으로 인기를 끌었습니다. 게다가 이케아 랩은 틱톡과 함께 '지구를 아끼는 챌린지'를 진행하고 있는데요, "나는 지구를 위해 하루 동안 채식을 하겠습니다" 또는 "나는 지구를 위해 샤워 시간을 줄이겠습니다" 같은, 작지만 구체적인 실천 거리

2020년 11월 서울 성수동에 문을 연 지속 가능성 체험 매장 이케아 랩(위). 빙그레의 '바나나 맛 우유 단지 세탁소' 역시 친환경 메시지를 담아 재활용 용기를 씻어서 분리배출 하자는 캠페인을 벌였다(아래).

를 제공합니다. 이 챌린지는 실제로 환경보호를 위한 실천뿐 아니라 이케아 랩에 대한 관심과 인식도 분명해지게 만드는 효과가 있어요.

또 다른 예로 빙그레의 친환경 캠페인 '단지 세탁소'를 들 수 있습니다. 2020년 7월 성수동에 위치한 '할아버지 공장'이라는 카페에서 진행된 캠페인으로, 재활용 용기를 씻어서 분리배출 하자는 메시지를 담은 '단지 세탁소'를 2주 동안 운영했어요. 빙그레의 국민 음료인 '바나나맛 우유' 색깔을 닮은 예쁜 노란색 세탁기에서 재활용 용기를 분리하는데 안에 남아 있는 내용물을 제거하지 않았을 때 재활용률이 떨어짐을 실제로 체험해 보는 캠페인이었죠. 이와 함께 '단지 손세탁 챌린지'도 진행했는데요, 깨끗하게 씻은 바나나맛 우유 용기 인증샷을 추첨해 친환경 경품을 제공했습니다. 이처럼 재미를 더한 캠페인으로 재활용품 분리배출 방법을 전달하는 아이디어, 참 매력적이지 않나요?

대학내일20대연구소[28]가 2020년 3월 900명의 MZ세대를 조사해 보니 코로나19의 확산으로 MZ세대의 48퍼센트가 집콕템(집에서 시간을 보내는 데 필요한 아이템)에 대한 관심이 늘었다고 해요. 이런 면에서 이케아 랩이나 빙그레 단지 세탁소는 친환경, 지속 가능성에 관심 많은 MZ세대에게 인스타그램에 올릴 만한 힙한 매장과 경험을 제공하는 한편, 자사에 대한 관심을 높일 만한 모바일 SNS 챌린지를 결합해 성공적인 결과를 거둘 수 있었지요.

생각해 볼 포인트

☑ 여러분은 브랜드의 가치와 신념 등을 고려해 상품을 구입한 경험이 있나요? 있다면 어떤 브랜드였는지 공유해 봅시다.

☑ Z세대의 부상이 기업 윤리와 사회적 책임의 측면에서 어떤 의미를 지니는지 토론해 봅시다.

점점 더 중요해지는 윤리적 소비

브랜드에 어떤 신념을 담을 것인가?

앞으로는 브랜드의 신념을 실천하는 브랜드들이 성장 가능성이 커질 것입니다. 브랜드 신념에 MZ세대가 많은 관심을 가지고 있고, 사회적으로도 더 주목받는 이슈로 떠올랐기 때문이죠. 하지만 이윤 추구가 최우선 목표일 수밖에 없는 기업의 관점에서는 어려운 점도 있을 거예요. 용기 있는 결단이 단기적으로는 긍정적인 반응과 부정적인 반응을 모두 불러일으킬 수 있기 때문이죠.

2018년, 나이키 탄생 30주년 기념 광고를 예로 들어 볼게요. 그 광고가 주목을 받았던 이유는 광고 모델 콜린 캐퍼닉Colin Kaepernick 때문이었습니다. 미국 샌프란시스코 포티나이너스 팀의 쿼터백 포지션으로 유명한 콜린은 2016년 미국 풋볼 리그NFL에서 흑인들에 대한 사회적 불평등에 항의하는 의미로 미국 국가가 연주되는 동안 무릎을 꿇었고, 그와 뜻을 같이하는 동료들도 무릎 꿇기에 동참하면서 많은 관심을 받았습니다. 하지만 그는 이 행동으로

무릎 꿇는 콜린 캐퍼닉과 동료 선수들의 모습(왼쪽). 콜린이 출연한 나이키 30주년 광고(오른쪽)

NFL 블랙리스트에 올라 여러 가지 불이익을 당했어요. 오랜 시간 동안 선수로 활동하지도 못하고 NFL과 소송을 벌이기도 했거든요.

그런데 나이키가 30주년 광고 모델로 콜린 캐퍼닉을 세운 것입니다. 이에 트럼프 대통령은 자신의 트위터에 나이키 모델 선정에 대한 실망감을 담은 부정적인 표현을 남겼고, 일부 나이키 팬들은 자신들이 가지고 있는 나이키 상품을 불태우며 보이콧까지 진행하기도 했었죠.

나이키는 과연 콜린을 모델로 정하면서 그런 후폭풍을 예상하지 못했을까요? 저는 아니라고 봅니다. 나이키는 그런 비난을 예상했음에도 나이키가 추구하는 상징적인 의미를 강조하기 위해 진행을 했고, 그런 의도에서 광고 문구도 "Believe In Something,

Even If It Means Sacrificing Everything(어떤 것에 대한 신념을 가져라. 그것이 모든 것을 희생한다는 의미일지라도)"이라고 정했을 것입니다.

사실 나이키는 1970년대에 어린아이들의 노동력을 착취했던 일 때문에 오랜 시간 비난을 받아야 했어요. 이후 꾸준한 노력으로 소비자들에게 나이키가 사회를 생각하며 보다 나은 방향으로 나아가는 데 조력하는 브랜드임을 다양한 방법으로 보여 주고 있습니다. 콜린 광고도 그 방향성 위에 놓여 있는 캠페인이라고 볼 수 있어요.

그런가 하면 한국에도 잘 알려진 아웃도어 브랜드 파타고니아Patagonia의 광고 캠페인인 "Don't Buy This Jacket(우리 자켓을 사지 마세요)"도 유명한 사례예요. 여러분, 광고 문구가 굉장히 의아하지 않나요? 상품을 팔아야 할 기업이 자기네 상품을 사지 말라고 하니까요. 이 문구의 진짜 의미를 이해하려면 파타고니아를 알아야 합니다. 파타고니아는 브랜드를 만든 목적이 지구 환경보호라고 말할 정도로 환경보호를 강조합니다. 그래서 옷을 10년, 20년이 지나도 입을 수 있도록 견고하게 만들었고, 오래 입는 데 필요한 수선 서비스를 제공해요. 그런 맥락에서 보면 "Don't Buy This Jacket" 캠페인은 수많은 아이템을 사고 버리고, 새 시즌에 또다시 사는 그런 소비 행동을 줄여 달라는 메시지와, 견고하고 오래 입을 수 있는 옷인 파타고니아를 선택함으로써 소비를 줄이고 더불어 환경 피해도 줄이자는 메시지를 담았다고 볼 수 있지요.

친환경 메시지를 전달하는 파타고니아 매장의 디스플레이

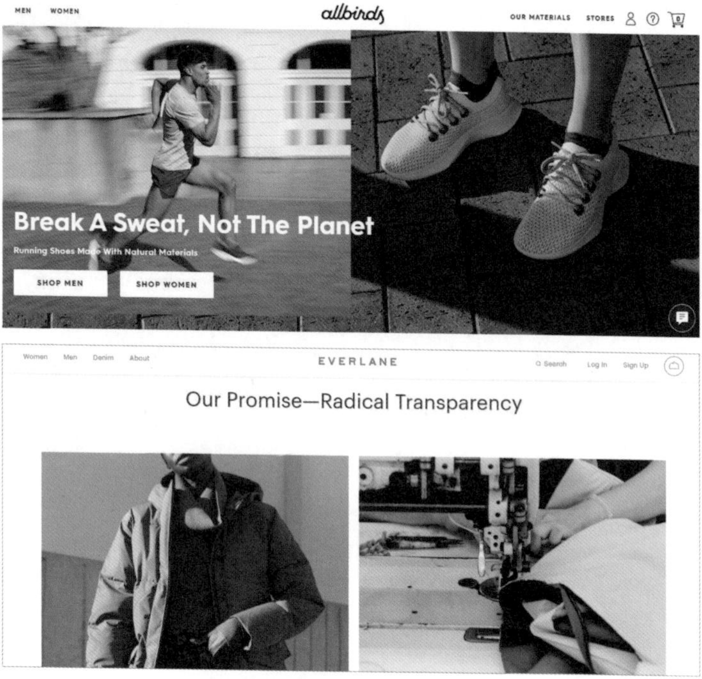

자연 유래 소재로 만든 제품을 강조하는 올버즈 홈페이지(위), 지속 가능한 패션을 표방하는 에버레인 홈페이지(아래)

미국에서 가장 핫한 브랜드 중 하나인 올버즈Allbirds와 에버레인Everlane도 모두 친환경 브랜드입니다. 올버즈는 2020년 8월 한국에 들어오기도 했는데요, 친환경으로 생산된 울 소재 스니커즈로 대표되는 올버즈와 급진적 투명주의radical transparency를 내세우는 에버레인은 친환경을 포함한 사회적 책임을 실천하는 브랜드입니다. 무엇보다 중요한 것은 친환경에 '힙hip(트렌디하다는 뜻)'하게 접근했다는 점이에요.

기존 친환경 브랜드가 세련되지 못하다는 고정관념, 상품 질이 일반 브랜드보다 조금 떨어질 것이라는 선입견을 과감히 깨뜨릴 수 있도록 상품의 디자인과 내구성, 세련된 매장 분위기와 서비스 등으로 무장했지요. 그래서 저도 개인적으로 이들 브랜드의 가치를 높이 평가합니다.

소비함으로써 행동한다

여러분도 어떤 브랜드나 매장에 대한 신뢰가 떨어져 구매를 중단한 경험이 있나요? 사실 우리는 소비자로서 우리가 믿는 신념을 소비 행동으로 표현할 만한 힘이 있습니다. 물론 번번이 그렇다고 단정 지을 수는 없지만, 우리가 좋아해서 구입하는 상품들, 방문하는 매장들에는 그 브랜드의 신념과 가치 등에 대한 평가도 반영되지요. 반대로 생각하면 우리가 앞에서 살펴보았던 유튜버들의 뒷광고나 임블리 사건, 또는 일본과의 관계 악화 상황 등에 따른 제품 보이콧(불매) 같은 행동들은 소비자로서 우리의 신념을 구매 행동으로 표현하는 것입니다.

사회가 더 발전하고 자본주의의 개념이 더 강조될수록 소비자의 힘은 더욱 강해질 것입니다. 우리 소비자들이 그러한 힘을 정당한 방법으로 현명하게 사용한다면 더 많은 기업이 사회 구성원의 일원으로서 기업의 이윤만 추구하지 않고 환경과 사회의 지속 가능성을 높이는 데에도 다양한 노력을 기울이겠지요. 앞으로 더 큰 구매력을 지닐 여러분은 중요한 소비자로서 자신의 힘을 신중하게, 그리고 바람직한 방향으로 써야 한다는 점, 꼭 기억해 주세요.

생각해 볼 포인트

- ☑ **나이키와 파타고니아, 올버즈와 에버레인 등의 브랜드가 추구하는 브랜드 신념은 무엇인가요?**
- ☑ **사회의 지속 가능성과 기업 윤리의 관점에서 여러분이 소비자로서 가진 힘을 어떻게 쓰는 것이 현명한 방향일까요?**

7장

'A WHOLE NEW WORLD'는 계속된다

소비와 고용의 미래

새로운 계급의 탄생

코로나19 이후의 계급 불평등

코로나19는 우리 생활의 많은 부분을 바꾸어 놓았습니다. 인력과 고용을 바라보는 관점도 예외가 아닙니다. 코로나19로 온라인 쇼핑이 엄청나게 늘었고, 그 와중에 쿠팡과 마켓컬리 물류센터 직원들의 코로나19 확진 사실이 알려지면서 택배 노동자들의 열악한 고용 환경에 관심이 높아졌습니다. 또한 직업군별로 코로나19로 피해를 입는 정도가 크게 다른 점이 부각되기도 했지요. 전문가들은 코로나19로 인해 노동계급의 분화가 일어날 것이라고 주장하기도 합니다.

캘리포니아대학교 버클리캠퍼스 정책대학원의 로버트 라이시Robert Reich 교수는 2020년 4월 영국 일간지 〈가디언〉에 기고한 칼럼에서 "코로나19가 미국 사회에 새로운 계급을 탄생시키고 그로 인해 사회적 분열과 불평등이 생길 수 있다"는 점을 강조했습니다. 예를 들면, 노트북으로 장시간 업무를 할 수 있고 장소에 상관없이 화상회의를 할 수 있는 인력들(전문직과 관리직, 기술 인력)을 코로나19 위기에서 가장 안전한 계급The Remote으로 보았지요. 그다음으로 의사, 간호사, 음식 배달원 등을 꼽았어요. 이들은 위기 상황에서도 필요한 일을 해내는 인력The Essentials으로, 위험수당을 받을 만하며 해고 가능성은 적지만 감염 위험 부담이 있다고 분석했어요. 반면 원격 근무가 어렵거나 불가능한 소매점과 제조업체 직원들은 어쩔 수 없이 무급 휴가를 가거나 직장을 잃을 수 있는 계급The Unpaid이고, 마지막으로 노숙인과 이주민·이민자 수용소에 머무는 사람들은 감염에 가장 취약한 위험군에 속하는 계급The Forgotten으로 분류했습니다.

로버트 라이시

이런 시각은 코로나19 같은 글로벌 팬데믹이 또다시 닥쳤을 때 비슷한 피해 정도를 예상할 수 있다는 점에서 중요한 시사점을 줍니다. 라이시 교수의 새로운 계급 구분은 왜 전문성에 더 집중해야 하는지에 대한 근거도 제시하지요. 예를 들면 가장 피해가 적은 원격 근무가 가능한 이들은 전문성이 있으며, 장소에 구애를 받지 않고 전자 문서를 다룰 만한 역량이 있는 사람들입니다. 물리적 환경에 크게 영향을 받지 않는 전문성을 지닌 직업군들은 대

글로벌 팬데믹은 우리가 왜 전문성에 집중해야 하는지를 고민하게 했다.

체 불가능irreplaceability하기 때문에 글로벌 팬데믹 같은 상황에서도 상대적으로 피해를 적게 받는다는 것이지요.

또 한 가지, 라이시 교수는 리테일 소매점에 관해 대체 가능한 영역과 물리적인 매장, 즉 공간에 기반한 비즈니스를 지적했는데요, 그 시각을 리테일 전반에 적용해 과장해서 해석하지는 않았으면 좋겠습니다. 어찌 되었건 코로나19로 여러 가지 사회적인 변화를 직접적으로 체험하고 있는 여러분에게 이런 시각도 앞으로 코로나 이후의 시대를 대비하는 데 생각할 거리를 제공한다고 볼 수 있죠.

생각해 볼 포인트

☑ 여러분은 라이시 교수가 구분한 네 가지 계급을 어떻게 생각하나요?

☑ 코로나19를 겪으면서 어떤 직업이 혜택을 입고, 어떤 직업은 위기에 처했다고 생각하나요? 여러분이 읽은 기사나 글이 있다면 그 내용에 대해 이야기해 봅시다.

직업의 미래

직'장'인이 될 것인가, 직'업'인이 될 것인가?

지금까지 현재의 리테일이 어떤 모습이고, 여러분의 소비가 어떤 환경에서 이뤄지고 있으며, 어떻게 변해 왔는지 등 리테일을 다양한 각도에서 살펴보았습니다. 그리고 어떤 관점에서 변화를 받아들이고 생각해야 하는지 여러분에게 질문도 던졌고요.

이 책을 읽으면서, 또는 질문에 답을 찾아내는 토론을 하면서 '왜 이게 나한테 중요한 문제지?'라는 의문이 들었을지도 몰라요. 여러분, 1장에서 설명한 것처럼 리테일은 우리의 생활, 의식주와 가장 밀접한 영역입니다. 먹고, 마시고, 자고, 입고, 놀고, 이동하고, 문화생활을 하는 환경에서 이루어지는 모든 비즈니스가 리테일이라고 말할 수 있기 때문이지요. 이 말을 범위를 넓혀 생각해 보면 여러분이 앞으로 갖게 될 전공, 직업이 결과적으로는 인간의 생활, 리테일과 관련이 있다는 뜻입니다.

그렇다면 학생의 입장에서 어떻게 미래를 준비하면 좋을까요?

요즘 유행어 중에 'n잡러'라는 말이 있습니다. 무슨 뜻인지 아는 친구들도 있을 거예요. 네, 한 개가 아닌 여러 개^{n}의 직업을 가진 사람을 뜻해요. 과거에는 한 가지 직업을 가지고 20년, 30년 동안 같은 직장에서 일하는 사람이 대부분이었어요. 그것이 회사에 대한 충성을 뜻했고, 그만큼 오래 '살아남았다'는 측면에서 존경을 받을 일이었지요.

그런데 시대가 바뀌었습니다. 일단 한 직장에서 오래 일하고 싶어도 50대 중반부터는 명예퇴직 등 타의에 의한 이유로 직장을 그만두어야 하는 경우가 많아졌어요. 이런 어려움은 개인의 능력 때문이라기보다는 치열한 경쟁 속에서 젊은 감각에 밀려서 일어나는 일이에요. 그러다 보니 다들 정년퇴직, 명예퇴직 이후의 경력에 대한 고민이 깊어졌고, 미래를 대비하기 위해 다양한 직업을 시도하기에 이르렀어요. 다시 말해, 어디에서 근무하느냐의 관점인 '직장인'보다는 어떠한 일을 하느냐의 측면에서 '직업인'의 관점으로 바뀌었다는 것이죠.

한 방송국의 TV 프로그램에서 유명 연예인 유재석이 n잡러의 시대를 잘 묘사했습니다. 본업은 개그맨 겸 MC이지만 댄스 가수, 치킨집 사장, 트로트 가수 등 다방면에서 활약을 보여 주었지요. 저도 일종의 n잡러입니다. 본업은 교수이지만 책과 칼럼을 쓰는 작가로, 기업과 정부를 대상으로 하는 강연가로, 방송에 출연하는 방송인 등으로 커리어가 확장되었습니다. 계획을 세워 준비한 것

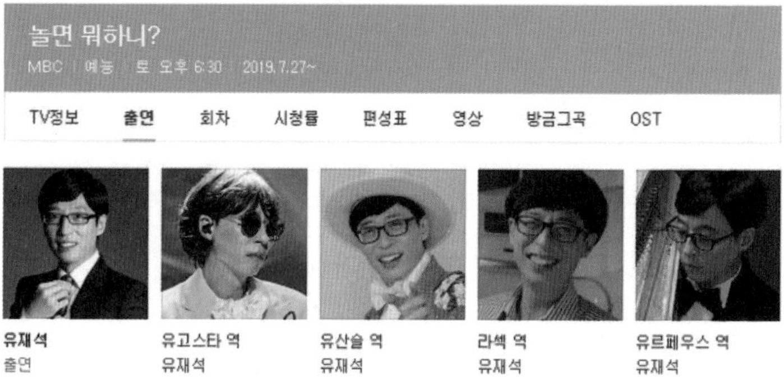

유재석이 실험적으로 보여 준 다양한 '부캐'들

은 아닙니다만, 제 전공 분야의 잡지에 칼럼을 14년 정도 쓰다 보니 책으로 이어졌고, 책을 통해 알려지면서 강연으로 연결이, 그리고 방송 출연으로까지 확장된 것입니다. 다시 말해 n잡러란 프리랜서라기보다는 정규직 본업+다른 직장, 직업, 별도 사업 등을 통해 수익을 창출하는 접근을 통칭한다고 볼 수 있어요.

n잡러와 부캐

n잡러라는 말은 또 다른 유행어인 '부캐'와도 연결되어 있어요. '부수적인 캐릭터'라는 뜻의 부캐를 개발하는 방법은 다양합니다. 먼저 자신이 좋아하고 잘하는 일이 무엇인지 유심히, 꾸준히 관찰해야 해요. 예를 들어, 사교성이 좋고 토론을 좋아하는 친구는 또래 친구들과 함께 독서 토론 모임을 주도적으로 운영해 볼 수 있

겠죠. 요즘은 실제로 '독서 토론을 하기 위해 돈을 지불'하고 타인들과 소통하며 토론하는 비즈니스가 각광을 받고 있습니다. 조금 의아할 수도 있을 것 같아요. '내가 열심히 책을 읽고 토론을 하는 건데 돈을 내야 해?'라고요.

실제로 '트레바리Trevari'라는 유료 독서 모임은 2015년 9월 창업 후 3년 6개월 만에 회원 수 4,600명의 모임으로 성장했고, 벤처 캐피털로 50억 원을 투자받을 정도로 그 가치를 인정받았습니다. 그런데 독서 모임 회비가 19만~29만 원으로 상당히 높은 금액인 데다 모임 전에 독후감을 내야 오프라인 독서 토론에 참석할 수 있고, 토론 시간도 네 시간이 넘습니다. 그럼에도 인기가 있다는 거예요. 밀레니얼 세대인 윤수영 대표는 입사 1년 만에 회사를 그만두고 창업을 결심했다고 하는데요, 대학교 때 자신의 중학교 동창들과 만든 독서 모임의 규모가 커지면서 돈도 벌면서 의미 있는 일을 하고 싶었다고 합니다. 다른 사람들과 지식을 공유하며 성장하고 싶은 것이 나이에 상관없는 인간의 중요한 욕구라는 점에도 주목했지요.[29] 과거는 독서 모임이 어떻게 직업으로 연결될 수 있는지 의문이 드는 시대였다면, 이제는 그러한 취미도 직업으로, 또는 창업으로 이어질 수 있다는 점을 시사합니다.

그 밖에도 내가 잘하는 것이 있거나 가르치는 것을 좋아한다면 또래들을 대상으로 재능을 펼쳐 보는 방법도 있습니다. 손재주가 있거나 베이킹을 좋아하거나 '재능' 기부와 관련이 있다면 '숨고',

'재능박스' 같은 재능 판매 플랫폼 같은 곳을 유심히 살펴보면 좋아요. 관련 클래스를 수강하면서 사람들이 어떤 식으로 자신들의 재능을 '일'로 확장하는지 관찰하고 경험해 보는 것도 좋은 방법입니다. 당장은 청소년의 입장에서 욕심을 내기보다는 사회에 진출하기 전에 가능한 한 많은 것들을 직·간접적으로 경험해 본다는 마음가짐으로 다가가면 좋겠습니다. 이러한 경험들이 이후에 여러분이 좋아하는 일을 하고, 부캐를 만들고, n잡러 시대에 자신의 능력을 넓혀 나가는 데 밑거름이 되기 때문입니다.

아니면 더 적극적으로 타인의 시선을 즐길 수도 있고, 불특정 다수와 소통하는 데 두려움이 없다면 콘텐츠 크리에이터를 연습해 보는 것도 좋겠지요. 특히 자기 PR에 뛰어나고 자신을 알리는 데 적극적인 성격이라면 블로거, 인스타그램, 유튜브 등의 SNS를 통해 다양한 콘텐츠를 주기적으로 올려 보는 것도 좋은 연습일 수 있습니다.

어떤 방향이든지 많은 시도와 경험을 하는 것을 추천하지만, 두 가지를 유념하기 바랍니다. 첫째, 여러분이 사회에 나올 때에는 n잡러가 지금보다 더 일반화되어 직업이 하나만 있는 사람에 대한 시선이 조금은 부정적일지도 모른다는 생각이 듭니다. 그런 사회를 맞이할 수도 있지만 한 직장에서 오래 근무하는 것이 나쁘다고 여기지 않아야 합니다. 지금과는 다를지도 모르는 미래에 대비해 나만의 강점을 찾기 위해 다양한 관점에서 나만의 부캐를 개발하는 것으로 바라봐야지요.

둘째, 청소년기의 학업은 무엇보다도 중요합니다. 모든 일에는 알맞은 시기가 있습니다. 지금은 학교에서 배워야 할 것들, 그리고 경험해야 할 것들을 충분히 다양하게 익히고 다져야 해요. 부캐 찾기에 몰두해 지금의 학업을 소홀히 해서는 안 됩니다. 부캐도 본업이 있을 때 존재하는 것이니만큼 여러분의 본업인 학업에 충실하고, 틈틈이 시간을 내 조금은 더 다양한 시도를 해 보는 정도로 다가가는 것이 바람직해요. 이 두 가지를 꼭 기억했으면 좋겠습니다.

미래의 직업인으로서 관점과 준비

학부모들이 저에게 종종 진로 관련 상담을 하시기도 합니다. 저에게 많이 하시는 질문은 "어떤 분야, 어떤 전공이 좋은가?"입니다. 그럼 저는 인공지능을 연구하거나, 인공지능과 차별화된 전공을 추천하곤 합니다. 쉽게 말해 수학, 통계학, 기계공학 등 인공지능을 직접적으로 연구하고 개발하거나, 아니면 그러한 개발에 근간이 되는 학문을 전공하는 것에 대한 전망을 말씀드리지요.

그 이유는 여러분이 짐작하는 것처럼, 제가 이 책에서 다양한 사례를 통해 소개했던 것처럼, 인공지능이 머지않은 미래에 우리 삶에 더 깊숙이 들어와 이른바 '로봇과 함께하는 삶'을 살게 될 것이라고 보기 때문입니다. 아마존의 알렉사와 삼성의 빅스비 같은

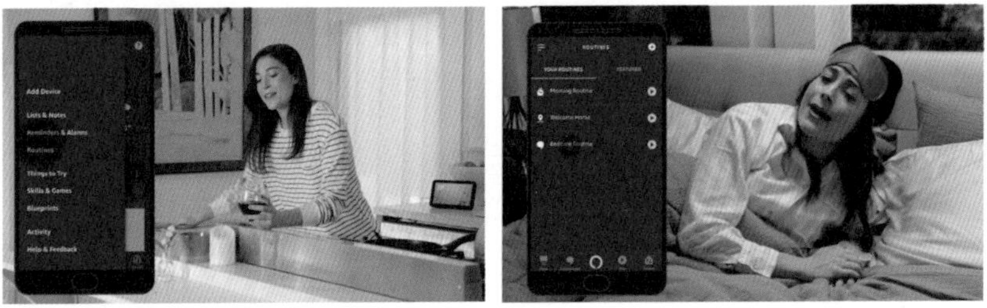

모든 생활을 알렉사 기반으로 만들겠다는 이른바 '알렉사 루틴'을 표방하는 아마존[30]

인공지능 비서의 역량은 더욱 커질 것이고, 알렉사나 빅스비와 대화를 하며 지낼 날도 그리 멀지 않았습니다.

실제로 알렉사는 음성으로 쇼핑을 하고, 스마트홈을 관리하며, 알람을 설정하고, 화상통화를 하고, 이메일을 보내고, 홈 트레이닝을 하는 데 조력자가 될 만한 기능을 가지고 있습니다. 심지어 시간에 따라 우리의 기분과 분위기에 맞추어 조명을 알아서 바꾸어 주고, 휴식에 도움을 주기도 하지요. 게다가 알렉사 키즈Alexa Kids는 이미 미국 어린이들에게 내니nanny(유모)라고 느껴질 정도로 친근한 존재입니다. 머지않은 미래에 우리는 인공지능과 함께 살아가는 시대를 맞이할 것이니 인간으로서, 그리고 직업을 고려할 때 인공지능을 개발하는 학문이나 그 개발에 기본이 되는 학문을 배우는 것이 중요하다고 봅니다.

어쩌면 인공지능·로봇과 차별화할 수 있는 영역을 고려해야 한다는 뜻이기도 합니다. 인간은 지능적으로, 그리고 과정의 정확성 측면에서 인공지능을 뛰어넘기 힘들 거예요. 앞으로 많은 단순화 직업들이 인공지능과 로봇으로 대체되어 인간의 위치가 흔들릴 수 있다는 전망도 나옵니다.

그런데 앞서 언급한 것처럼 저는 그렇게 부정적으로 보지는 않아요. 물론 단순한 일을 반복해야 하거나 효율성이 중요한 직무들은 앞으로 인공지능·로봇으로 대체될 가능성이 크지만, 인간이기에 가능한 일도 많습니다. 창의성, 감성, 공감 능력 등이 그것입니다. 다시 말해, 로봇이 인간을 뛰어넘을 수 없는 영역에서 강점을 가져야 합니다. 저는 그런 부분을 예술적인 능력, 창의성, 그리고 주체적이고 종합적인 사고력와 공감의 영역이라고 생각합니다.

따라서 여러분은 지금 시기에 중요한 것들을 적극적으로 몰입해서 경험하고, 다양한 관점에 노출도 되어 보고, 자신의 의견을 표현하고, 상대편의 의견에 공감하는 경험을 하며 미래를 준비해야 합니다. 다양한 경험과 종합적인 사고력은 직·간접적인 경험이라는 토대 위에 지어지는 건축물이라고 볼 수 있습니다.

그런 의미에서 책 읽기와 글쓰기의 중요성도 강조하고 싶어요. 미국의 한 조사 결과를 보니 Z세대가 전화 인터뷰를 굉장히 '두려워'한다고 합니다. 한국의 밀레니얼 세대도 비슷한 양상을 보이고 있고요. 이처럼 전화를 꺼리는 '콜 포비아call+phobia' 증상이 늘고 있는데요, 잡코리아가 2020년 10월 성인 남녀 518명을 대상으로 조사한 결과, 응답자의 절반이 넘는 53.1퍼센트가 콜 포비아를 겪는다고 답했습니다. 이유가 뭘까요?

바로 요즘 세대들의 소통 방식 때문입니다. 우리가 친구들, 가족들과 어떻게 소통하고 있는지 곰곰 생각해 봅시다. 아마 대부분 '카톡'으로, 단문장으로, 또는 줄임말로 짧게 소통하고 있을 거예요. 또 특별한 경우를 제외하고는 카톡으로 자신의 생각을 긴 문장으로 표현하지는 않을 것입니다. 다시 말해 우리의 소통은 과거 세대들보다 훨씬 더 단순해지고, 깊이가 얕아진 경향이 있습니다. 게다가 음성 기반의 전화보다 '문자'로 주로 소통을 하고 있고요. 그러다 보니 누군가와 통화하는 것에 필요 이상으로 긴장하고 결국 회피하는 경향도 커지는 것이죠.

저는 교육자로서 그러한 변화를 절실히 느낍니다. 솔직히 말해 학생들의 쓰기 실력, 문법 오류, 철자 오류를 비롯해 생각의 흐름과 깊이가 너무나 빠르게 나빠지고 있는 것을 경험하고 있습니다. 제가 가르치는 대학생들이 작성한 리포트 수준이 불과 5~6년 전과도 확연히 차이가 느껴질 정도로 하향화되었다는 생각에 종종 안타까운 마음이 들곤 하지요. 그런데 다양한 조사에서도 비슷한 결과가 나오고, 한국의 교수님들, 중·고등학교 선생님들도 똑같은 이야기를 종종 하십니다.

생활의 거의 모든 영역이 디지털화되어 가는 환경에서 서로 소통하는 방식이 점점 더 분절되고 있고, 깊은 사고보다는 즉각적인

디지털 중심의 소통은 문자, 단문을 중심으로 단편적이고 즉각적인 대응에 집중한다.

반응을 나타내는 콘텐츠를 중심으로 이동하고 있습니다. 저는 장기적인 관점에서 이러한 변화가 우리 사회 전반에 걸친 영역에서 문제가 될 수 있으리라 생각합니다.

여러분은 사고의 성장에 가장 중요한 시기를 살고 있습니다. 스마트폰 동영상을 보고 인스타그램 피드를 넘기는 것도 좋지만, 좀 더 의식적으로 책을 읽고, 그러한 생각을 글로 정리해 보기를 진심으로 권합니다. 나이가 들수록 기존의 사고와 지식을 확장하려면 더 많은 노력을 들여야 합니다. 스펀지처럼 모든 것을 흡수할 수 있는 여러분의 나이에 좀 더 적극적으로 깊이 사고하는 연습이 중요하다는 점을 깨닫기 바랍니다.

마지막으로 글로벌 시각을 갖추기를 권장합니다. 이는 단순히 영어와 중국어를 잘하라는 이야기가 아니라 지금 글로벌 시대에서는 어떤 일들이 벌어지는가에 관심을 가져야 한다는 말입니다. 경험하고 관심을 가지는 만큼 성장할 수 있어요. 한국을 넘어서 글로벌 감각을 갖추는 것이 앞으로는 더더욱 중요한 강점이 될 수 있습니다.

같은 맥락에서 가끔이라도 디지털 환경에서 의식적으로 벗어나 보라고 강조하고 싶습니다. 사람에 대한 관심, 사회에 대한 관심을 가지는 것은 다른 배경과 문화에 속한 상대편을 이해하는 마음을 갖게 해 주고, 균형 잡힌 시각과 사고에도 도움이 됩니다. 이러한 관점과 사람에 대한 관심은 사실 비즈니스 성공의 핵심이기도 해요. 마케팅은 결국 사람의 마음을 움직이는 일입니다. 마음을 움직이려면 그들의 마음을 이해하고, 상대편의 관점에서 원하는 것을 제공하고 만족시킬 수 있어야 합니다. 그래야 소비자들이 선택을 하겠죠. 제가 언급한 점 말고도 미래를 준비하는 데는 다양한 노력이 필요하겠지만, 여기서 말한 것들을 유념한다면 더 진취적이고 발전적인 미래를 펼칠 수 있을 거예요. 여러분의 성공과 행복한 미래를 기원합니다!

생각해 볼 포인트

- ☑ 직장인과 직업인의 차이는 무엇일까요?
- ☑ n잡러와 부캐는 왜 앞으로 더 중요할까요?
- ☑ 미래를 준비하는 관점에서 어떤 면에 유념해 노력을 기울여야 할지, 본문에 언급된 내용을 비롯해 여러분의 관점을 토론해 보세요.

본문의 주

1 https://nrf.com/resources/top-retailers/top-50-global-retailers/top-50-global-retailers-2020 (이 책에서는 2020년 12월을 기준으로 1달러를 1,100원으로 환산함)

2 https://ppcprotect.com/how-many-ads-do-we-see-a-day/

3 Michael Levy, Barton Weitz, Dhruv Grewal, 《Retailing Management. 10th Edition》, McGraw-Hill Education, 2019

4 https://www.reuters.com/article/us-football-nfl-superbowl-ratings-idUSKBN1ZX2LI

5 https://www.statista.com/statistics/201459/appeal-of-super-bowl-ads-to-us-adults/

6 http://www.brandbrief.co.kr/news/articleView.html?idxno=2805

7 밀레니얼 세대와 Z세대 구분은 나라와 기관에 따라 조금씩 오차가 있다. 대략 1~2년 정도의 차이를 보이는데, 세대는 영속적인 개념이므로 연령을 정확히 구분하기는 어렵다.

8 https://www.mk.co.kr/news/society/view/2020/01/30967/

9 https://news.joins.com/article/23811722?fbclid=iwar1ojwu6exyei3othydrsbip3viu9jis3fxw18oxe7dvkqoyimwy9znfsp4#home

10 https://www.businessinsider.com/the-rise-and-fall-of-blockbuster-video-streaming-2020-1

11 https://www.nytimes.com/2020/04/21/business/media/netflix-q1-2020-earnings-nflx.html#:~:text=Netflix%20has%20182.8%20million%20subscribers,and%20added%2013.5%20million%20internationally.

12 https://www.cnbc.com/2020/06/08/stitch-fix-sfix-reports-fiscal-q3-2020-net-loss.html

13 https://www.wired.co.uk/article/how-do-netflixs-algorithms-work-machine-learning-helps-to-predict-what-viewers-will-like#:~:text=Netflix%20uses%20machine%20learning%20and,genres%20to%20make%20its%20predictions.

14 https://biz.chosun.com/site/data/html_dir/2020/08/10/2020081001586.html

15 https://news.mt.co.kr/mtview.php?no=2020081909521688012

16 https://www.oberlo.com/blog/amazon-statistics#:~:text=Amazon%20has%20more%20than%202.5 million%20new%20sellers%20join%20Amazon.

17 https://www.statista.com/topics/846/amazon/

18 https://www.donga.com/news/Inter/article/all/20201008/103300275/1

19 https://news.joins.com/article/23817719

20 https://www.mckinsey.com/business-functions/marketing-and-sales/our-insights/what-makes-asia-pacifics-generation-z-different

21 https://www.careet.net/178

22 황지영, 《리테일의 미래》, 인플루엔셜, 2019

23 https://newsroom.accenture.com/news/generation-z-to-switch-the-majority-of-purchases-to-retailers-that-provide-the-newest-digital-tools-and-channels-accenture-research-reveals.htm

24 https://www.forbes.com/sites/maddieberg/2020/12/18/the-highest-paid-youtube-stars-of-2020/?sh=41b161e06e50

25 https://m.hankookilbo.com/News/Read/A2020080414500002522

26 https://news.mt.co.kr/mtview.php?no=2019040417535824975

27 https://biz.insight.co.kr/news/220602

28 https://www.20slab.org/archives/37575?listType=list&headerID=0&date=&query=&pageidx=1

29 https://news.joins.com/article/23393930

30 https://www.youtube.com/watch?v=8Wj2m8qICvY

이미지 출처

23 이마트, **33** 곰표, **49** 연합뉴스, 소더비(우 하단), **56** 스타벅스커피코리아, **62** 스타일쉐어, **69** 연합뉴스, **74** 황지영(좌 상단, 우 하단), **76** 황지영(좌, 우), **77** 황지영(좌, 우), **86** 스티치픽스, **89** 헌트 어 킬러, **90** 런드리 고, **92** 황지영(좌, 우 상단, 우 하단), **99** 스타일쉐어, **101** 러블리마켓, **106** 펜디, **111** 우버(상단), 에어비앤비(하단), **115** 아마존 파머시, **134** Ryan's World(좌), Ryan's Mystery Playdate(우), **135** 유튜브 채널 Sean Song(송시현)(좌), 유튜브 채널 박막례 할머니 Korea Grandma(우), **144** 유튜브 채널 네고왕(좌, 우), **149** 이케아 랩(상단), 빙그레(좌 하단, 우 하단), **153** 나이키(좌, 우), **155** 황지영(좌 상단, 우 상단, 좌 하단, 우 하단), **156** 올버즈(상단), 에버레인(하단), **166** MBC, **170** 아마존(좌, 우)

- 크레딧 표시가 없는 이미지는 셔터스톡 제공 사진입니다.
- 이 책에 쓰인 이미지 중 저작권자를 찾지 못하여 게재 동의를 얻지 못했거나 저작권 처리 과정 중 누락된 이미지에 대해서는 확인되는 대로 통상의 절차를 밟겠습니다.

쇼핑의 미래는 누가 디자인할까?

1판 1쇄 발행일 2021년 3월 15일
1판 3쇄 발행일 2023년 9월 18일

지은이 황지영

발행인 김학원
발행처 (주)휴머니스트출판그룹
출판등록 제313-2007-000007호(2007년 1월 5일)
주소 (03991) 서울시 마포구 동교로23길 76(연남동)
전화 02-335-4422 **팩스** 02-334-3427
저자·독자 서비스 humanist@humanistbooks.com
홈페이지 www.humanistbooks.com
유튜브 youtube.com/user/humanistma **포스트** post.naver.com/hmcv
페이스북 facebook.com/hmcv2001 **인스타그램** @humanist_insta

편집주간 황서현 **편집** 김나윤 한지연 **디자인** 유주현
조판 홍영사 **용지** 화인페이퍼 **인쇄·제본** 정민문화사

ISBN 979-11-6080-611-3 43320